"十四五"国家重点出版物出版规划项目

★ 转型时代的中国财经战略论丛 ◢

会计规则变迁
与企业权利的界定分配

Accounting Rules Evolution and the Definition
and Distribution of Enterprise Rights

李 晋 著

中国财经出版传媒集团

经济科学出版社
Economic Science Press

图书在版编目（CIP）数据

会计规则变迁与企业权利的界定分配/李晋著 . —
北京：经济科学出版社，2021.9
（转型时代的中国财经战略论丛）
ISBN 978 - 7 - 5218 - 2936 - 5

Ⅰ . ①会…　Ⅱ . ①李…　Ⅲ . ①会计制度 – 研究　Ⅳ .
①F233

中国版本图书馆 CIP 数据核字（2021）第 200661 号

责任编辑：于　源　姜思伊
责任校对：孙　晨
责任印制：范　艳

会计规则变迁与企业权利的界定分配
李　晋　著

经济科学出版社出版、发行　新华书店经销
社址：北京市海淀区阜成路甲 28 号　邮编：100142
总编部电话：010 - 88191217　发行部电话：010 - 88191522
网址：www. esp. com. cn
电子邮箱：esp@ esp. com. cn
天猫网店：经济科学出版社旗舰店
网址：http : //jjkxcbs. tmall. com
北京季蜂印刷有限公司印装
710 × 1000　16 开　8.75 印张　140000 字
2021 年 12 月第 1 版　2021 年 12 月第 1 次印刷
ISBN 978 - 7 - 5218 - 2936 - 5　定价：45.00 元
（图书出现印装问题，本社负责调换。电话：010 - 88191510）
（版权所有　侵权必究　打击盗版　举报热线：010 - 88191661
QQ：2242791300　营销中心电话：010 - 88191537
电子邮箱：dbts@ esp. com. cn）

总　序

《转型时代的中国财经战略论丛》是山东财经大学与经济科学出版社合作推出的"十三五"系列学术著作，现继续合作推出"十四五"系列学术专著，是"'十四五'国家重点出版物出版规划项目"。

山东财经大学自2016年开始资助该系列学术专著的出版，至今已有5年的时间。"十三五"期间共资助出版了99部学术著作。这些专著的选题绝大部分是经济学、管理学范畴内的，推动了我校应用经济学和理论经济学等经济学学科门类和工商管理、管理科学与工程、公共管理等管理学学科门类的发展，提升了我校经管学科的竞争力。同时，也有法学、艺术学、文学、教育学、理学等的选题，推动了我校科学研究事业进一步繁荣发展。

山东财经大学是财政部、教育部、山东省共建高校，2011年由原山东经济学院和原山东财政学院合并筹建，2012年正式揭牌成立。学校现有专任教师1688人，其中教授260人、副教授638人。专任教师中具有博士学位的962人。入选青年长江学者1人、国家"万人计划"等国家级人才11人、全国五一劳动奖章获得者1人，"泰山学者"工程等省级人才28人，入选教育部教学指导委员会委员8人、全国优秀教师16人、省级教学名师20人。学校围绕建设全国一流财经特色名校的战略目标，以稳规模、优结构、提质量、强特色为主线，不断深化改革创新，整体学科实力跻身全国财经高校前列，经管学科竞争力居省属高校领先地位。学校拥有一级学科博士点4个，一级学科硕士点11个，硕士专业学位类别20个，博士后科研流动站1个。在全国第四轮学科评估中，应用经济学、工商管理获B＋，管理科学与工程、公共管理获B－，B＋以上学科数位居省属高校前三甲，学科实力进入全国财经高校前十。工程学进入 ESI 学科排名前 1%。"十三五"期间,我校聚焦内涵式发展,全面实施了科研强校战略,取得了一定成绩。获批国家级课题项目 172 项,教育部及其他省部级课题项目 361 项,承担各级各类横向课题 282 项;教师共发表高水平学术论文 2800 余篇,出版著作 242 部。同时,新增了山东省重点实验室、省重点新型智库和研究基地等科研平台。学校的发展为教师从事科学研究提供了广阔的平台,创造了更加良好的学术生态。

"十四五"时期是我国由全面建成小康社会向基本实现社会主义现代化迈进的关键时期,也是我校进入合校以来第二个十年的跃升发展期。2022 年也将迎来建校 70 周年暨合并建校 10 周年。作为"十四五"国家重点出版物出版规划项目,《转型时代的中国财经战略论丛》将继续坚持以马克思列宁主义、毛泽东思想、邓小平理论、"三个代表"重要思想、科学发展观、习近平新时代中国特色社会主义思想为指导,结合《中共中央关于制定国民经济和社会发展第十四个五年规划和二○三五年远景目标的建议》以及党的十九届六中全会精神,将国家"十四五"期间重大财经战略作为重点选题,积极开展基础研究和应用研究。

与"十三五"时期相比,"十四五"时期的《转型时代的中国财经战略论丛》将进一步体现鲜明的时代特征、问题导向和创新意识,着力推出反映我校学术前沿水平、体现相关领域高水准的创新性成果,更好地服务我校一流学科和高水平大学建设,展现我校财经特色名校工程建设成效。通过对广大教师进一步的出版资助,鼓励我校广大教师潜心治学,扎实研究,在基础研究上密切跟踪国内外学术发展和学科建设的前沿与动态,着力推进学科体系、学术体系和话语体系建设与创新;在应用研究上立足党和国家事业发展需要,聚焦经济社会发展中的全局性、战略性和前瞻性的重大理论与实践问题,力求提出一些具有现实性、针对性和较强参考价值的思路和对策。

山东财经大学校长

2021 年 11 月 30 日

目　录

第1章 导　　论

1.1　问　题　提　出

2006 年我国财政部发布的新《企业会计准则》实现了与国际会计准则的实质趋同，重要标志就是公允价值计量属性的广泛采用。但是2008 年全球金融危机将公允价值会计推向风口浪尖。以花旗、美林、瑞银等为代表的金融巨头和一些政治家们将金融危机罪魁祸首的帽子扣在公允价值计量模式上，认为用公允价值计量金融资产夸大了危机的损失，造成了投资者的恐慌，进而加剧了金融危机的波及面和危害程度。而以 FASB[①] 和 IASB[②] 为代表的会计界则认为，金融危机的根源在于金融机构本身放松信用政策发放大量次级贷款，同时在缺乏有效金融监管前提下，金融机构又通过发行多种衍生金融工具进一步加剧了风险的积累，最终导致金融危机的爆发。会计界人士虽极力否认公允价值会计是罪魁祸首，但也不得不承认公允价值会计存在缺陷，需要做出修订。由此就引出一系列问题：制度应该如何变迁？制度变迁时涉及哪些影响因素，具有什么逻辑关系？会计规则具有什么制度特点？公允价值会计应该如何变迁？等等。

[①]　财务会计准则委员会（美国）（Financial Accounting Standards Board, FASB），是负责制定美国财务会计与报告准则的机构。

[②]　国际会计准则委员会（International Accounting Standards Committee, IASC），是负责制定国际会计准则的机构，重组后于 2001 年改为国际会计准则理事会（International Accounting Standards Board, IASB）。

经济快速发展导致财产权利的形式、数量和价值都出现较大的变化。高新技术的开发和应用致使财产属性也出现了较大的改变，人力劳动更多地被机器替代，有形资产逐渐被无形资产替代。商业信用的发展延长了利益链条，企业所有权与经营权逐渐分离，企业经营出现网络化和扁平化趋势，这些特点都增加了利益的不确定性。强大的金融市场在更大的范围内融通资金，在更多的利益相关者之间建立了利益关系，形成了具有不同利益诉求的利益集团。特别是复杂的衍生金融技术进一步促进了财产与权利以及各项权利之间的分离，导致权利逐步虚拟化，产生较高的风险。这就需要有新的产权界定技术来度量财产权利的数量和价值，需要有新的产权制度界定分配财产权利。而会计规则作为一种重要的产权制度，是制度与技术的统一体，对财产权利具有重要的界定与分配作用。在财产权利出现较大改变的情况下，会计规则一方面应该发挥应有的产权界定功能，另一方面应该针对已经变化的财产权利和各利益集团的要求做出相应调整，更完整地界定产权。因此，我们应该清楚会计具有什么样的制度和技术特点，会计规则变迁受到哪些因素的影响，呈现出什么样的逻辑。这样才能更好地为会计规则改革提供建议，完善产权界定功能。

1.2 研究意义

1.2.1 本研究的学术价值

（1）丰富了产权界定内涵、强调了产权界定在制度变迁中的重要作用。本研究提出的产权制度分析框架，以产权界定为基础，着重强调了产权界定对制度变迁的重要作用。分析产权应该包含两方面内容：完整界定的产权与不完整界定的产权。巴泽尔（Barzel，1989）指出，交易成本的存在必然导致一部分利益无法完整界定，这部分利益被置于"公共领域"。完整界定的产权可以界定财产权利归属，降低交易成本，提高资源配置效率，促进经济增长。同时，"公共领域"也是客观存在的，具有两方面作用，在消极方面，"公共领域"增加了原有制度的交易成本，在积极方面，"公共领域"中的利益会促使利益集团展开博弈，形成新的产权制度。因此，对"公共领域"的分析是产权界定的重要内容，对"公共领域"中利益的攫取是利益集团博弈的动力，也是制度变迁的动力。因此"公共领域"对于产权界定和制度变迁具有重要意义。

（2）提出了包含财产、技术与利益集团博弈的产权制度分析框架。本研究提出了包含财产、技术和利益集团博弈三个方面的产权制度分析框架，认为利益集团之间的冲突博弈是出于对"公共领域"中利益的争夺，产权制度是利益集团博弈的结果。所以制度变迁是在一定财产和技术基础上利益集团博弈的短期均衡。由于"公共领域"是必然存在的，所以制度变迁是一个不断演进循环的过程。特别是将技术划分为财产开发利用技术和产权界定技术，这样一方面强调了技术对财产权利的重要影响，另一方面强调了博弈过程中产权界定的重要作用。同时，划分出产权界定技术也就凸显了关于财产权利的信息机制在博弈中的重要作用。按照要素之间的逻辑关系，可以预测制度变迁的方向，提出相应的建议措施。

1.2.2　本研究的应用价值

（1）揭示了会计规则变迁的规律，为制定或修订会计政策指明了方向。会计规则具有制度属性和技术属性，会计规则是一种包含产权界定技术的产权制度，具有对财产权利的界定分配功能。会计规则是利益集团博弈的结果，受到财产和技术的影响。会计规则形成的"公共领域"会刺激利益集团博弈，推动新的会计规则出现。遵循此规律，可以及时预测会计规则变革方向，制定或修订会计政策；可以及时识别与判定会计规则形成的"公共领域"，及其形成的原因与危害，提升会计规则绩效。

（2）揭示了会计技术与会计规则的逻辑关系，明确了会计规则的技术属性与制度属性，在实践中可以更好地发挥会计功能。在会计规则应用过程中，需要技术属性与制度属性相互协调才能发挥会计规则应有功能。当会计规则与经济业务不相适应时，可以有效判断是由于会计技术无法准确计量与界定经济业务，进而导致会计规则无法界定财产权利，还是由于会计规则本身没有有效地将技术规则化，或者没有有效地界定会计主体之间的关系，进而导致会计规则不适用。据此，可以针对性地调整会计技术或会计规则来完整界定产权。

1.3　研究方法、思路和相关概念

1.3.1　研究方法

本研究综合运用理论分析、实证分析、博弈分析、和归纳演绎等多种研究方法。

（1）通过回顾制度变迁、产权界定和会计规则变迁的相关文献，归纳产权界定和制度变迁中的相关因素，分析比较各因素所发挥的功能作用，总结制度变迁的逻辑规律，并且通过对历史制度变迁规律进行归纳，结合文献分析结论总结制度变迁规律，综合形成统一的制度分析框架。用所提出的制度分析框架，对历史制度变迁的过程进行逻辑重构，揭示其变迁的规律，并且对亟待改革的公允价值会计规则提出了改革方向和建议措施。同时，运用构建的产权制度分析框架对美国科姆斯托克矿脉产权规则、华盛顿州鲑鱼渔场产权规则的变迁过程进行经验分析，结论支持了本研究提出的制度变迁逻辑。

（2）通过比较分析不同理论关于制度变迁的观点，对比不同理论中制度变迁的影响因素，及其具有的功能作用和逻辑关系，对比不同理论中制度变迁动力机制和博弈关系等；其次，对比早期与现代的、国内和国外的会计规则变迁过程，以及其他产权制度变迁过程，总结制度变迁的逻辑规律；然后，将逻辑结论与制度演变过程进行对比分析，解释制度变迁进程。

（3）通过构建静态博弈模型分析会计规则形成中的利益博弈，分析出会计规则变迁的条件，以及影响会计规则变迁的重要变量及其逻辑关系。通过对我国公允价值会计价值相关性进行检验，验证我国公允价值会计是否具有价值相关性，是否能提供完整的产权界定信息，以此来佐证理论分析逻辑。通过分析理论结论与实证结果的差异，指出我国公允价值会计制度变革的方向。

1.3.2 研究思路和框架

本研究主要分为四部分：梳理文献、构建产权制度分析框架、解释会计规则的变迁逻辑、分析公允价值会计对企业权利界定逻辑。首先，对巴泽尔的产权理论，以及阿西莫格鲁、格雷夫的内生制度变迁理论进行回顾和比较，分析产权制度变迁中涉及的影响因素，以及各自具有的不同的功能为逻辑分析提供理论依据。其次，构建了一个以产权界定为基础，包含财产、技术和利益集团博弈在内的产权制度分析框架，指出争夺"公共领域"中利益的博弈行为是制度变迁的动力，当博弈达到新的均衡时形成新的制度，制度变迁是一个不断循环演进的过程。再次，用本研究所构建的产权制度分析框架分析解释会计规则，提出会计规则具有技术和制度两种属性，既包括产权界定技术，也包括产权界定制度。会计规则的形成是财产、技术与利益集团博弈三方面综合作用的结果，其规则变迁也是不断循环演进的过程。最后，以公允价值会计为例进行分析，指出其在界定金融资产权利中存在的问题及变革的方向。

本书的研究框架如图1-1所示。

1.3.3 相关概念

1. 会计规则

广义的会计规则泛指会计法律法规、会计准则、会计惯例等正式或非正的制度，用以规范会计信息生产与披露，约束会计主体的会计行为。本研究主要是以企业财务会计准则为分析对象，分析会计规则与企业权利的界定与分配，为了方便分析，简称为会计规则。

2. 公共领域

文中所称的公共领域，均指没有明确划分和界定权利归属，各利益集团都可以在其中攫取利益的权利模糊区域，即巴泽尔所称的"公共领域"。

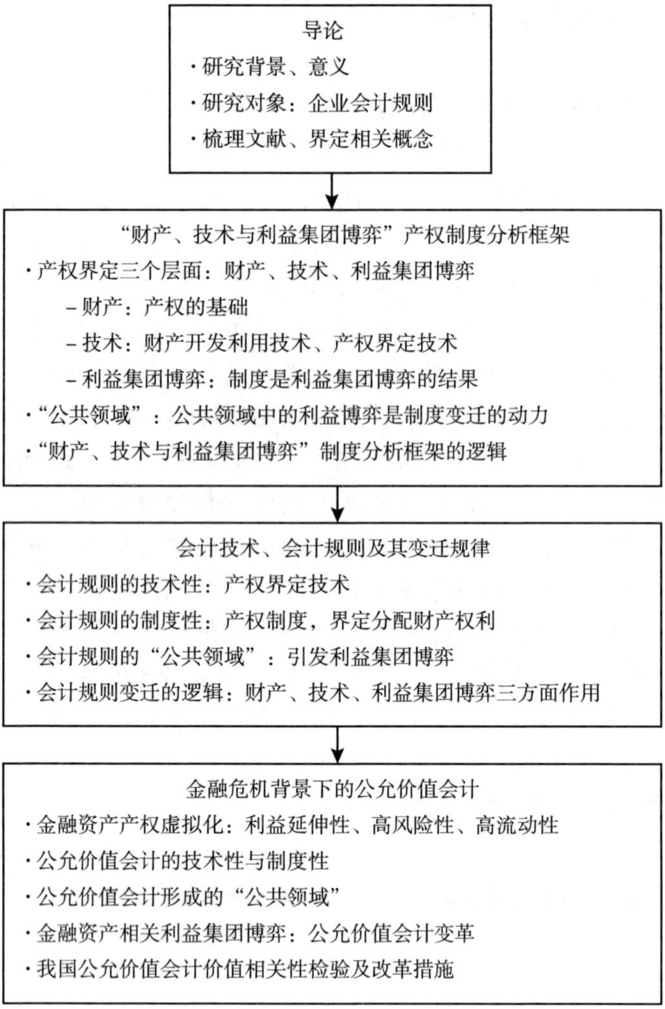

导论
- ·研究背景、意义
- ·研究对象：企业会计规则
- ·梳理文献、界定相关概念

"财产、技术与利益集团博弈"产权制度分析框架
- ·产权界定三个层面：财产、技术、利益集团博弈
  - － 财产：产权的基础
  - － 技术：财产开发利用技术、产权界定技术
  - － 利益集团博弈：制度是利益集团博弈的结果
- ·"公共领域"：公共领域中的利益博弈是制度变迁的动力
- ·"财产、技术与利益集团博弈"制度分析框架的逻辑

会计技术、会计规则及其变迁规律
- ·会计规则的技术性：产权界定技术
- ·会计规则的制度性：产权制度，界定分配财产权利
- ·会计规则的"公共领域"：引发利益集团博弈
- ·会计规则变迁的逻辑：财产、技术、利益集团博弈三方面作用

金融危机背景下的公允价值会计
- ·金融资产产权虚拟化：利益延伸性、高风险性、高流动性
- ·公允价值会计的技术性与制度性
- ·公允价值会计形成的"公共领域"
- ·金融资产相关利益集团博弈：公允价值会计变革
- ·我国公允价值会计价值相关性检验及改革措施

图 1 - 1　本书的研究框架

1.4　本研究的创新和不足

1.4.1　本研究的创新

第一，构建了包含财产、技术和利益集团博弈的制度分析框架。强

调了制度的内生性和动力机制，制度变迁的动力来源于利益集团对公共领域中利益的争夺。一个完整的制度理论分析必须包含对制度生成和制度演变的内生性解释（黄凯南，2010）。本制度分析框架将制度的生成和演进统一起来。内生制度理论强调制度的内生性，制度绩效理论强调制度对经济绩效的作用，本制度分析框架则将制度的两个重要方面统一起来，认为：交易成本的存在导致产权无法完整界定，处在公共领域中的利益引发各利益集团博弈，利益博弈处在均衡状态时形成了新的权利分配方式，即新的制度；新的制度在一定时期可以规范财产权利归属和技术标准，降低交易成本，促进财产权利发展变化；随着人们认知、技术等因素逐步改变，财产利益也会发生变化，进一步会导致部分利益被置于公共领域中，引起新一轮的博弈，产生新的均衡，即新的制度形态。

第二，系统分析了会计规则的两种属性：制度性和技术性。并且采用本研究所提出的制度分析框架，分析解释了会计规则两种属性的关系，以及会计规则变迁的逻辑。会计规则是一种产权制度，具有分配界定企业权利的重要功能；会计规则的技术属性为其界定企业权利提供了技术手段。会计规则可以分配界定企业权利，也可以规范会计技术标准。

第三，指出产权界定是制度变迁的基础，特别是产权信息传递机制在博弈中的重要作用。系统分析了公共领域的来源、存在必然性以及功能特点，指出公共领域具有相对性，既降低了原有制度的效率，又促进了新制度的形成。利益集团争夺公共领域中利益的博弈行为是制度变迁的动力。

第四，将技术纳入制度分析框架，并且根据不同的功能，将技术划分为财产开发利用技术和产权界定技术，这样一方面强调了技术对财产权利的重要影响，另一方面强调了博弈过程中产权界定的重要作用。同时，划分出产权界定技术也就凸显了关于财产权利的信息机制的在博弈中的重要作用。

1.4.2 本研究的不足

第一，本书所构建的制度分析框架，只包括了财产、技术和利益集团博弈三方面因素，而将其他因素作为影响这三个因素的变量，分析视角较为局限，缺乏制度分析的广泛适用性。

第二，由于制度对经济绩效具有重要的促进作用这一重要结论已为众多经济学家接受并认可，但在研究中缺乏制度对经济绩效的作用分析，只是分析了产权制度所具有的产权界定功能。期望在以后的研究中进一步扩展分析。

第三，本书在分析会计规则"公共领域"中的利益博弈行为时，只是进行了企业管理层和会计规则制定机构的静态博弈分析，缺乏动态博弈分析；在检验我国公允价值会计信息价值相关性时，受到变量选择和数据收集的约束，一定程度上限制了研究结论的适用性。

第2章 文献综述

2.1 制度变迁理论

制度，简而言之就是规范人们之间关系的规则。传统上可以将制度分析划分为制度学派和新制度主义学派。关于制度和制度变迁的问题，制度学派已经开始关注制度以及制度变迁的重要作用，试图建立完善的制度理论，强调习俗、惯例、文化对人的影响，以及制度对人和社会的规范和控制作用（凡勃伦，1964）。以科斯、诺思为代表新制度学派将制度分析纳入科学分析框架，开启了制度分析的新领域。特别是内生制度理论认为制度是一种博弈均衡，将技术、资源和人口等要素看作制度变迁的内生变量，分析它们在制度变迁中的功能作用以及相互之间的逻辑关系，从而可以更科学地分析制度变迁的动力和轨迹。

2.1.1 制度学派

制度学派创始于 19 世纪末 20 世纪初的西方社会，代表人物有凡勃伦、康芒斯等。凡勃伦著有《有闲阶级论》《企业论》等著作，凡勃伦（Veblen，1964）认为制度是个人或社会对有关的某些关系或某些作用的一种思维习惯。凡勃伦采用达尔文进化思想构建自己的制度理论，认为制度变迁是一个累积的进化过程，在这个过程中制度是阻碍进化的因素，而技术克服制度阻力推动了制度进化。康芒斯认为稀缺性导致了人们之间的冲突和依赖，因此需要制度来调解和控制利益冲突。为了应对新的挑战和冲突，个人和组织为追求自身利益改进现有制度，或者试图建立新的惯例从而促使新制度的产生（康芒斯，1962；蒋雅文，2003）。制度学派已经开始关注制度以及制度变迁的重要作用，试图建立完善的制度理论，强调习俗、惯例、文化对人的影响，以及制度对人和社会的规范和控制作用。

2.1.2　新制度主义学派

新制度主义学派于第二次世界大战前后出现，随后逐渐演变成两个学派：以加尔布雷斯为代表的新制度学派和以科斯、诺思为代表的新制度学派。

以加尔布雷斯为代表的新制度学派继承了凡勃伦的制度思想，关注制度对资本主义社会的作用，强调技术对制度变革的重要性。但是这个学派仍然没有给出制度的具体含义，认为只要不是经济的、数量关系的因素，就是制度因素（黄少安，2004）。这种笼统的制度概念使得它的制度变迁理论缺乏逻辑性和解释力。

以科斯、诺思等一批经济学家为代表的新制度学派，逐步给出了制度的定义，将制度分析纳入科学分析框架，开启了制度分析的新领域。

2.1.2.1　诺思的制度变迁理论

诺思（North）是新制度经济学的重要代表学者，对制度和制度变迁理论做出了重要贡献。诺思（North，2008）在《制度、制度变迁与经济绩效》一书中指出："制度是一个社会的博弈规则，或者更规范地说，它们是一些人为设计的、形塑人们互动关系的约束。"他认为制度决定经济绩效，相对价格变化是制度变迁的源泉。他在《经济史中的结构与变迁》（1994）一书中进一步指出，偏好的变化也是制度变迁的重要源泉。因此，要素价格、信息成本、技术以及偏好这些因素都会导致相对价格发生变化。相对价格变化产生了来自新交易的收益，实际上就是价值发生了变化，由于存在交易成本，原有的产权规则无法完整界定新的价值利益，因此需要出现新的制度来界定新价值。这与巴泽尔的公共领域思想是一致的，都是制度形成中的一种非均衡状态，只不过诺思只是指出了公共领域的一种表现形式，即相对价格变化。并且诺思

（North，2008）认为在利益最大化的前提下，组织和制度的相互作用决定了制度变迁的方向。这源于诺思认为制度是一种外生的博弈规则，这也就忽略了影响制度变迁的各种因素之间的逻辑关系。对于诺思关于制度和组织的划分，黄少安（2004）在《产权经济学导论》一书中也提出了质疑，认为将组织排除在制度之外会否定各种组织制度及其影响和变迁。

在制度变迁分析中引入产权界定是诺思的重要贡献，并且认为产权理论、国家理论和意识形态理论是制度变迁理论的三大基础。他认为完整的产权界定能够降低交易成本，提高组织运行的效率，这样才可以激励人们追求自身利益，促进制度变迁。因此，制度变迁的重要内容就是创造新的产权结构。诺思的产权理论强调了完整界定产权可以降低交易成本的重要作用，但是他忽略了产权无法完整界定的原因就是因为存在交易成本，而这些无法完整界定的权利激励人们追求自身利益，促进了新制度的形成，因此产权制度是人们逐利行为的客观结果。另外，诺思的产权理论没有注意到交易成本是无法完全消除的，产权不可能完整地界定，因此制度变迁也就是一个不断演进的过程。

2.1.2.2　内生制度变迁理论

在分析制度变迁时，将技术、资源等要素看作是独立于制度的外生变量，难以系统地解释各要素之间的逻辑关系，并且难以区分制度变迁中哪些要素起到了最为关键的作用，因此不能准确地预测制度变迁的方向，只能将制度的变化归因为某些外在因素的作用，也割裂了新旧制度之间的联系，削弱了解释力。因此，从 20 世纪 90 年代开始出现对制度变迁的内生化处理。

（1）格雷夫（Greif）的制度变迁理论。

格雷夫对历史过程进行历史比较制度分析（historical and comparative institutional analysis），认为制度是一种内生的博弈均衡。历史比较制度分析避免了测度交易成本绝对数量的困难，并且对历史进程进行制度分析，还可以有效地避免多重均衡问题。格雷夫引入准参数（quasi‐parameters）概念来解释历史过程，将那些短期内相对稳定、长期会发生变化的变量称为准参数，诸如自然资源、人口数量、贸易规模、偏好等。准参数的引入一方面将影响制度的外生变量内在化，便于分析变量之间的逻辑关系；另一方面建立了新旧制度之间的联系，因为每个变量的变化遵循一定的规律，因此制度的变迁也就表现出一定规律。格雷夫认为制度变迁的机制取决于准参数的性质，如果决策者能够观察到准参数的变化，并且能够充分理解其重要性，那么就会主动寻求建立新制度替代旧制度；如果决策者无法观察到或者是不能确定准参数是否变化，那么制度变迁往往不会主动发生（Greif，2000，2004；孙涛，2011）。关于准参数的分析实际上隐含着技术和信息在制度变迁过程中的重要作用，准参数的变化往往意味着财产权利属性的变化、数量的变化或者是价值的变化等内容，因此能够观察到、并且充分理解变化的内容，需要一定的技术知识对这种变化进行界定，并且能够传递关于这种变化的准确信息。

（2）阿西莫格鲁的制度变迁理论。

阿西莫格鲁（Acemgolu）也十分强调制度对经济绩效的重要作用。他以大量的史料为基础，对制度与经济绩效之间的关系进行计量分析，认为经济制度是决定经济增长的主要因素。他的制度理论以"社会冲突论"为出发点，从经济制度和政治制度两个层面展开分析，将政治权力引入制度分析，具体分解为法定政治权力和实际政治权力，认为经济制度决定经济绩效和资源分配，也就决定了实际政治权力，而政治制度决定法定政治权力，两者有共同决定了未来政治制度和经济制度的选择（郭艳茹，2010；彭涛、魏建，2011）。他的理论强调了制度对经济绩效具有重要作用，并且区分了政治制度和经济制度对经济绩效的不同作用，把政治权力分解为法定政治权力和实际政治权力，增强了逻辑解释力，更清晰地展现了制度变迁的逻辑主线。而且他采用复杂的计量方法来分析丰富的历史数据，支持了他的制度分析逻辑。

但是他的观点以社会冲突为分析起点，只是说明利益冲突是制度变迁的动力，并没有具体分析引起利益冲突的原因及其合理性，因此也就没有很好地解释在新制度形成后是否还会引起新的社会冲突。而巴泽尔的产权模型认为交易成本是造成产权无法完整界定的重要原因，并且提出了公共领域概念，将产权分析由完整界定的产权转向不完整界定的产权，并且通过对奴隶赎身等案例的分析，揭示了公共领域在产权制度变革中的重要作用。在巴泽尔产权模型中，对公共领域中利益的争夺也就表现为社会冲突。本研究着重分析了产权界定的三个层面，强调不完备产权是制度变迁的起点，通过分析公共领域的产生来源、功能及合理性，增强了博弈过程的合理性，进一步说明了制度变迁不断演进的逻辑前提。并且本文将技术分为财产开发利用技术和产权界定技术，强调了产权界定和信息机制在制度生成中的重要作用，指出公共领域和信息是造成博弈中有限理性的重要因素。

阿西莫格鲁等学者在研究制度的内生性问题时，都认为技术是引起制度变化的原因之一，并且都强调信息在博弈过程中具有重要作用。但是没有深入挖掘信息的内容及其生成和传递机制，而信息的数量和质量对利益集团决策具有重要影响，在一定程度上也决定着博弈的结果，信息的生成和传递既有技术要求，也存在制度规范，因此我们将技术划分为财产开发利用技术和产权界定技术，产权界定技术的一个重要内容就是界定产权价值，向相关利益集团传递信息。

2.2 关于产权的文献

13

2.2.1 关于产权的含义

众多经济学者在不同时期对产权进行了深入系统的论述，大都赞成产权是由资源的稀缺性造成的，体现了人与人关系的一种制度。费雪（Irving Fisher，1923）认为："产权不是有形的东西或事情，而是抽象的社会关系。"科斯（Coase，1937）在《企业的性质》一文中指出，企业内发生的交易是由权力关系与结构控制的。并且科斯（Coase，1960）在《社会成本问题》一文中指出，市场交易和企业内部组织是两种不同的资源配置方式，两者通过比较组织成本可以相互替代，政府是一种特殊的企业，可以通过行政机制降低组织成本影响资源配置。科斯的观点开启了现代产权经济学的研究，斯蒂格勒（Stigler，1966）后来将其总结为"科斯定理"。

德姆塞茨（Demsetz，1967）认为，"产权包括一个人或其他人受益或受损的权利"，是一种界定人们的损益程度及相互关系，帮助人们形成与其他人交易时的合理预期的社会制度。其主要功能就是可以将外部性内部化，当内部化所得大于成本时，产生新的产权形式，即外部性内部化应符合成本收益原则。同时，他认为新产权制度的形成，是人们相互作用对新的收益—成本的可能渴望进行调整的回应，并且认为产权是一种权利束，交易的发生就意味着权利的交换。阿尔钦（Alchian，1994）认为，"产权是一个社会所强制实施的选择一种经济品的使用的权利"，并且私有产权具有排他性，可以与其他权利进行交换，通过对比私人产权和共有产权，认为共有产权比私有产权缺乏约束力。张五常（2002）的《佃农理论》分析了土地租佃的合约，论证了在产权私有的前提下，分成租佃合约也能实现资源的最优配置。平乔维奇（Pejovich，1999）认为，"产权是人与人之间由于稀缺物品的存在而引起的、与其使用相关的关系"，并且认为产权包括使用权、用益权、处分权和转让权等具体权利，而处分权和转让权确定了所有者承担资产价值变化的权利，因此是产权最根本的组成部分。所有权是产权一般概念中的一类，所有权包含使用权、用益权、处分权和转让权；其中处分权和转让权是私人产权最根本的权利。实际上，平乔维奇认为所有权与产权两个概念是通用的。

在国内，产权理论研究的代表学者黄少安较早地对产权经济学进行了全面系统地研究，其著作《产权经济学导论》（1995）更是奠定了产权经济学的研究基础。黄少安（2008）认为："所谓产权，简言之，就是对财产的权利。一般而言，可以归纳为归属权（所有权）、占有权、支配权和使用权……实质上都是产权主体（包括公有主体和私有主体）之间的关系"，并且指出根据需要，权利束可以进行更具体划分。任何权利都由权能和利益构成，两者缺一不可。产权具有排他性、有限性、转让性、可分解性等基本属性。界定或调整产权，实质上就是建立或调整产权制度来调整人们的权利和责任。并且他在《从潜产权到产权：一种产权起源假说》（2003）等文中提出了一种新的产权起源假说：潜产权，即"还没有被正式认可但实际上存在的权利"。

虽然众多学者从不同角度阐述了产权的内涵，但大多数学者对其基本涵义达成了共识。他们认为产权本质上界定了人与人之间的关系，是由各种不同权利组成的，每项权利都由权能和利益构成。并且权能和利益是相辅相成的，没有权能的发挥，自然无法实现利益，同时如果利益无法获得，则权能也就无法实现。产权是一种权利束，由于资产属性的多样化，行使权利需要的知识、技能和信息所掌握和运用的水平都大大提高，因此在交易成本增大的前提下，所有者很难完整界定所有权利。为了降低交易成本，包括所有权在内的各项权利可以配置给其他权利主体。

以上学者的观点主要界定了零交易成本条件下，产权的内涵和功能等内容，并指出由于交易成本的存在导致产权无法完整界定，从而会降低资源配置效率。但是对于不完备产权缺乏深入的探讨，比如产权无法完整界定的程度，是根本无法界定还是界定不清晰，再比如没有完整界定的产权是否是变化的，除了降低资源配置效率以外是否还有其他作用等等。巴泽尔的产权模型通过引入公共领域概念，分析了在个人利益最大化假设下各产权主体攫取处于公共领域中利益的行为，及其对权利重新配置的影响。巴泽尔的公共领域思想为制度的内生变迁提供了变迁动力，正是由于存在公共领域，才为利益集团提供了博弈的动力，才可能出现新的产权制度。

2.2.2 关于权利划分的评述

现代企业所有权和经营权分离的特点让企业权利变得复杂，再加上信用的发展以及资本市场功能的完善，会导致权利的进一步分离，因此划分权利的基本结构，研究权利之间的相互作用，对于完整界定产权具有重要意义。

本研究认为，产权是一种界定人们之间关系的制度。为方便统一论述，将产权划分为以下基本权利：所有权[①]（归属权）、处分权、转让权、使用权和受益权，并且权利之间具有一定的逻辑关系（如图 2-1 所示）。所有权（归属权）是权利束的核心，影响其他权利的行使，处于支配地位。处分权是指改变资产形态和实质的权利，实际上就影响了资产的使用权，影响使用权的目的是为了更好更多地获得收益，因此也就影响了受益权。转让权是以双方一致同意的价格把所有或部分以上权利转让给他人的权利，可以是整体产权的转让，也可以是部分权利的转

---

① 黄少安教授在《产权经济学导论》（2004）中指出，"广义的所有权等于产权，狭义的所有权只是产权中的一个组成部分。"本研究提到的所有权均指狭义上的所有权。

让。德姆塞茨（Demsetz，1967）指出"所有权的可转让性为资源流向具有最高生产力的所有者提供了激励"，这种激励意味着可以获得更大的收益，因此转让权是以受益权为基础的。人们通过使用资产获得收益，所以受益权的实现要以使用权为基础，而处分权和转让权又通过影响使用权来影响受益权，处分权和转让权是私人产权最为根本的组成部分，它们确定了所有者承担资产价值的变化的权利。因此权利束各项权利之间存在相互影响的逻辑关系（如图2－1所示）。产权权利束中，所有权（归属权）是核心，受益权是基础，拥有所有权的目的是为了获取利益，所有权通过其他各项权利影响受益权，受益权的损失会影响其他各项权利的权能和利益，缺少受益权的财产是没有价值的，所有权也就失去了意义，因此也就无法形成产权。受益权要依赖于其他权利，如所有权或使用权等，具体情况视不同的权利分配方式而定，但受益权是无法单独存在的。使用权是各项权利的纽带，使用权直接影响获取收益的水平，各项权利通过影响使用权来影响收益。

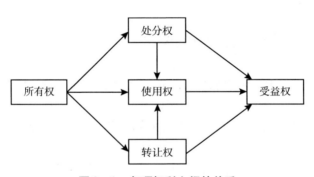

图2－1　各项权利之间的关系

存在交易成本的前提下，产权的主要功能就是尽可能地将外部性内部化，帮助人们形成合理的预期，减少机会主义行为，合理配置资源。外部性内部化的过程也就是产权形式发展变化的过程，在个人或组织收益最大化前提下，产权变化的动力主要来自人们对未来成本收益预期的变化，而这种变化主要来自新知识的产生和科学技术的发展，最终导致产权形式的变化，在这个产权变迁的过程中，一部分外部性内部化，降低了交易成本。

因此，在交易成本不为零和个人或组织收益最大化的前提下，产权具有动态性和相对性的特点。动态性是指产权不是一成不变的，其配置方式是不断发展变化的，产权的变化是一个符合成本收益原则不断内部化新收益成本的过程。相对性是由产权动态的特点导致的，既然产权不断变化，一般来说，变化后的产权相对于变化前的产权提高了资源配置效率，但是在交易成本不为零的前提下，产权仍然无法完整界定，因此其资源配置效率仍然低于零交易费用条件下的资源配置效率。可以看出，产权变化的过程中，没有完整界定的权利，即巴泽尔提出的公共领域，起到了重要作用。

这个过程可以通过以下一个简单的例子说明（如图 2-2 所示）。假设在一个理想环境中，对一个产权主体来说，有两种产权形式——A 和 B。

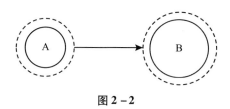

图 2-2

在图 2-2 中，A 作为一种初始产权形式，是产权变化的起点，实线圈代表在成本收益原则下界定的产权利益，实线圈的面积表示产权的收益大小，虚线圈代表在初始产权状态下该产权主体的总利益，一般来说，由于交易成本的存在，只能将一部分收益及其对应的成本界定在产权形式 A 中，一部分利益被置于公共领域。随着新知识技术的发展，以及人们认知、偏好等方面的改变，逐渐产生了新的收益，即 B 产权形式下所对应的虚线圈所示。在个人或组织利益最大化的原则下，一部分利益被内部化，出现了新的产权形式 B。对于内部化的过程，可以在第三方（如独立的立法司法机构）维持秩序的条件下实现，也可以在没有人维持秩序的情况下实现。在这个过程中，产权形式从 A 变动到 B。B 相对于 A 来说，将一部分收益内部化，提高了资源配置效率；但是相对于新产生的利益来讲，其配置效率仍然低于交易成本为零时的产权配置效率。因此，产权既是动态的，也是相对的，简单绝对地说一种产权形式的效率高低，是不全面的。

2.3   关于会计规则的文献

2.3.1   会计规则变迁的成本收益分析

冯巧根（2008）认为成本收益相抵后的净收益变化是制度变迁的根本原因，指出会计制度变迁成本主要包括交易成本（如设计、执行、调整成本等）和组织协调成本（如转换、学习成本等），当新制度的边际收益等于旧制度变革付出的成本时，达到制度均衡。李晓玲、王福胜（2009）认为会计制度变迁具有摩擦成本、运行成本和监督成本。虽然不同学者对会计规则变迁成本的类别划分有所差异，但是所包含的内容是大同小异的。对会计制度进行成本收益分析有利于比较新旧制度差异和效率，更好地理解制度变迁的动因，但是仅仅对比成本和收益不足以解释制度变迁的整个过程，因为讨论制度变迁不应脱离财产基础，而财产的权利归属又会涉及不同的利益主体，这些影响因素都应该纳入制度变迁的分析过程中。

2.3.2   会计规则变迁的本质

美国著名会计学者泽夫（Zeff，1978）指出会计准则的制定是一种政治过程，需要协调各种利益。綦好东（2000）认为会计制度本质上是利益集团博弈形成的公共合约，会计制度变迁是一种以资本市场和国际惯例为导向，政府强制供给的渐进式制度变迁。周华、刘俊海、戴德明（2009）认为借鉴国际会计准则制定的我国企业会计准则体系背离了依法记账原则，我国应根据本国法律原则尽快完善企业会计法规体系。何力军（2008）认为国际会计准则变迁的过程是一种智猪博弈过程，各国对国际会计准则制定展开利益博弈。李宁（2009）认为会计准则的变迁是一种动态的演化博弈，是利益相关者各方实现动态均衡的过程，并且指出会计准则的形成是从习惯到习俗、从习俗到惯例、从惯例到制度化的动态博弈演进过程。盖地、杜静然（2010）认为会计准则变迁是一种自组织演化过程。李康等（2010）借鉴生物演化 NK 模型分析会计制度变迁，认为会计准则之间存在依赖关系，会计制度变迁是一个动态演进系统。

2.3.3　会计规则与产权

瓦茨和齐默尔曼（Watts & Zimmerman，1983）指出"会计和审计是产权结构变化的产物，是为监督企业契约签订和执行而产生的"。会计不仅仅是一种计量工具，或是企业管理中的一种重要手段，更重要的它是关于企业权利界定与分配的产权制度。刘峰、黄少安（1992）用科斯定理研究了会计准则，认为会计准则是一种产权制度，产权制度选择理论同样对会计准则的选择有一定的指导作用。伍中信（1998）认为会计体现产权结构，反映产权关系。田昆儒（2005）对产权会计学做出相对比较完整的论述，认为产权会计学的目标是提供关于产权变动的会计信息以提高经济效益，其研究对象是产权及其运动。李连军（2007）通过构建政府治理结构理论框架分析会计制度变迁，认为会计制度是围绕不断完善的产权进行变革的，政府是推动我国会计制度变迁的第一推动力。王保忠（2007）对我国的会计制度和产权制度进行对比分析，认为两者的变迁呈现出高度一致性：新中国成立后在单一集权模式下会计制度属于行政制度的一部分；改革开放后会计制度出现局部变迁以反映开始出现的多种产权形式；社会主义市场经济体制确立后，会计制度全面变迁以反映公有制为主体的多种所有制形式。郭道扬（2009）梳理了人类会计思想演进的主体脉络，从最初的原始计量记录方法用于采集经济时代越冬食品的储备与分配管理，到产权社会中会计保障产权作用，提出会计在解决可持续发展危机中应有的作用。

这些观点看到了会计规则具有的重要功能，即反映、界定和保护产权，但是还没有将会计规则纳入一个完整的产权制度分析框架中，缺乏分析会计规则变迁的完整逻辑。

2.3.4　我国会计规则变迁进程回顾

众多学者对会计规则的变迁过程进行了梳理（张鸣，2006）。我国的会计制度是不断国际化的过程，逐步向国际公认原则趋同。我国会计制度的发展大致可分为四个阶段：第一阶段，1949～1978 年，主要采用苏联计划经济体制下的会计制度，构建了以"资金运动论"为核心的会计理论体系。在当时的经济体制环境下，会计制度对我国国民经济的恢复和建设起到了重要的作用。第二阶段，1979～1992 年，是构建我国会计准则体系的探索阶段，也是我国会计国际化的开始。1978 年十一届三中全会确定了我国改革开放的伟大战略，随之出现了一些新兴经济体，原有会计制度也无法满足经济发展需要，因此我国于 1983 年开始发布了《中华人民共和国中外合资经营企业会计制度（试行草案)》等一系列会计制度和规定。具有代表性的是，1985 年 1 月颁布的《中华人民共和国会计法》使得我国会计行业走上了规范的法制化的道路。第三阶段，1992～2006 年，是我国企业会计准则体系全面建设和快速发展的阶段。1992 年 5 月颁布了《股份制试点企业会计制度》，同年 11 月正式颁布《企业会计准则》，标志着我国的会计规范开始进入准则规范阶段，并于 1993 年开始颁布了 13 个分行业企业会计制度。2000 年颁布的《企业会计制度》，突破了行业和所有制的限制，进一步统一了会计计量基础、程序与方法等内容。在这个阶段中，我国也加紧具体会计准则的制定，1997～2001 年，逐步颁布了 16 项具体会计准则，对债务重组、投资、建筑合同等经济业务的会计处理进行了规范。第四阶段，2006 年至今，2006 年我国颁布了的《企业会计准则》，进一步实现了国际趋同，但与国际会计准则仍有差异，如刘玉廷（2008）指出，中国会计准则与国际财务报告准则只在关联方的认定、资产减值损失的转回等极少数问题上存在差异。因此，我国会计规则的变革是伴随着经济制度改革进行的，而经济制度变革的主要内容是财产权利的变化，因此研究会计规则变迁应该以财产为基础。

通过对会计规则变迁相关文献的梳理，我们知道会计规则具有界定和保护产权的重要功能，在会计规则形成中存在各种利益集团的利益博弈，会计规则具有各种不同成本，其制定与实施应遵循成本收益原则。而且我国会计规则具有政府强制供给、渐进式变迁的特点。学者们的研究更多侧重会计规则的几个重要特点展开分析，缺乏统一的制度分析框架，本文拟构建一个包含财产、技术和利益集团博弈的产权制度分析框架，解释会计规则变迁的逻辑。

第 3 章 "财产、技术与利益集团博弈"产权制度分析框架

探寻产权制度变迁的规律，首先要把握产权制度涉及的各种要素及其在产权界定中的作用和逻辑关系。以此逻辑为基础，考察当一个或几个要素变化时，产权制度如何做出调整。本书认为完整的产权界定至少应该包括财产、技术和利益集团博弈三个层面。

3.1 产权界定的三个层面

产权界定包含三个层面：财产、技术和利益集团博弈。财产是产权的基础。技术分为两类：财产开发利用技术和产权界定技术，财产开发利用技术可以促进财富增加和经济增长，产权界定技术可以根据财产属性界定价值；相关利益集团相互博弈分配财产的权利归属，博弈的结果就形成了制度。三者具有相互约束与促进的关系。完整的产权界定应该充分把握财产属性，选取恰当的产权界定技术，在利益集团之间合理分配财产权利。

3.1.1 财产层面

产权经济学认为产权是关于财产的权利归属，是财产所有者的权利。因此财产是界定产权的前提与基础。黄少安（2008）认为，财产是产权的客体，是与主体相分离或相对分离、能够被人们拥有、对人们有用的稀缺的对象，是人们建立产权关系的客观基础。

3.1.1.1 财产的必备条件

财产具有多种属性，如功能、体积和价值等，但是要成为财产至少应该同时具备以下属性：

第一，财产应该具有有用性。这包含两个层面：一方面，人们能够控制和利用财产，这强调人的能力；另一方面，财产必须对人具有使用价值，这强调财产的价值属性。两个方面缺一不可，既要对人们有使用价值，同时又能够为人们控制和利用才可以称为财产。并且随着人们的认知能力和科技水平等因素的发展，从宏观到微观，从有形到无形，财产的外延是不断扩大的。另外，财产的有用性还受到财产其他属性的影响，会影响到权能的发挥和利益的实现，比如财产的不同功能具有不同用途，也就具有不同的利益实现方式。

第二，财产应该具有稀缺性。产权体现了人与人之间的关系，前提之一是财产具有稀缺性。如果财产不是稀缺的，而是取之不尽的，那就不需要界定财产的权利归属，产权也就无从谈起。而作为产权基础和载体的财产，由于存在稀缺性，就需要有一定的方式来配置权利，这样就界定了人与物以及人与人之间的关系。同时稀缺性也是相对的，随着人们风俗习惯、生活方式、特别是人们认知能力和开发利用资源水平等因素的变化而变化。一般来讲，资源的稀缺性是逐渐增强的，如土地、森林等；但是随着人们认知水平和科技水平的发展，某些资源的稀缺性是逐渐降低的，如海水淡化技术完善成熟后，可以一定程度上降低水资源的稀缺性。

第三，财产应该是独立的，必须与权利主体分开。不管有形的财产还是无形的财产（如劳动力）都是客观存在的。权利主体在一定的权利配置方式下可以拥有或部分拥有财产，在其他的权利配置方式下，其他财产主体也可以拥有或部分拥有同样的财产。这样，以财产为基础，各项权利可以重新进行配置组合。因此，独立存在的财产，结合上一定的权利配置方式，就体现了不同的财产与人的关系，也就体现了不同的人与人之间的关系。

3.1.1.2 财产的价值属性

财产的属性就是指财产具有的某方面的特点。财产具有不同方面的属性，比如体积、重量、使用寿命、价值等。财产的价值属性使其成为产权的基础。我们已经知道，财产的价值主要取决于其有用性和稀缺性。同时，其价值的变化还要受到财产的表现形式与实现方式的影响。

不同的财产具有不同的表现形式，其价值变化具有不同的方式，对权利也有不同的影响，因此充分掌握财产的属性特点是完整界定产权的前提。根据其是否具有实物形态，可以将财产划分为有形资产和无形资产。广义上讲，凡是没有实物形态的财产都属于无形资产。由于金融资产一般具有较高的虚拟性和风险性，为了方便分析，可以将金融资产单独列为一种财产，其他的不具有实物形态的财产作为无形资产。这样财产就可以分为有形资产、无形资产和金融资产三种形式。

一般来讲，有形资产由于具有实物形态，其价值的变化还会受到实体性变化的影响，比如机器设备的运转造成的磨损以及自然的腐蚀。因此，有形资产正常的实体性损耗具有一定规律，其价值的变化也符合这种规律。无形资产的价值往往受到科技水平、自然环境等因素的影响，而金融资产的价值主要受到各种风险因素的影响。同时，由于人们的风俗习惯和生活方式的改变，认知水平和开发利用资源能力的提高也会改变财产的价值。

3.1.2 技术层面

新老制度经济学都强调技术在制度变迁中具有重要作用。在产权界定中，财产是技术选择的基础，开发利用财产时不同的属性特点要求采用不同的技术，比如针对财产的物理属性有物理开发技术，针对财产的价值属性有价值界定技术。为了便于分析，本研究将技术划分为两类：财产开发利用技术和产权界定技术。财产开发利用技术就是指开发和利用财产的不同属性和功能的方法、程序和经验等。产权界定技术是指根据财产开发利用的情况，度量财产的范围、数量、质量以及评估风险和信誉、传递信息等，并最终确定财产价值及其分配的技术。

3.1.2.1 技术与财产具有依存关系

技术与财产之间，以及两种技术之间都具有密切的联系（如图 3－1

所示）。财产是技术应用的基础，技术要帮助开发利用财产属性并准确界定财产价值，技术在产权保护完好的情况下具有稀缺性，可以成为财产，如专利技术等。财产开发利用技术可以促进财产功能的发挥，增加财产的价值，同时其技术的选择也要适应财产的属性特点。产权界定技术在计量财产价值后可以传递风险水平、产权价值等信息，评价财产开发利用效果，预测未来产权价值变化，并且可以评价技术水平和价值，帮助做出关于财产及其开发利用技术的决策。

图 3 - 1　财产与技术的关系

产权界定技术的选择要符合财产的价值属性，才能准确计量价值，比如金融资产的风险较高，应该采用公允价值计量属性，如果采用历史成本计量属性则容易高估或低估价值。为了准确地界定财产价值，财产开发利用技术一定程度上还决定着产权界定技术的选择，比如一般采用高新技术的生产设备价值较高，贬值影响因素也较多，因此资产折旧与减值速度相对较快；而一般采用普通技术水平的生产设备价值较低，为了达到相同的生产要求，会消耗较多的人力、物力资源，但是其本身价值贬值的速度相对平缓，因此在界定价值时，就应该采用不同的价值界定方法。

3.1.2.2　技术与制度具有密切关系

技术与制度具有密切的关系，是相互影响相互促进的（Matthews，1986；Lin，1989）。技术可以影响制度的产生与应用。财产开发利用技术的进步可以创造出更多的财产，可能会导致财产权利的重新分配，出现新的制度；产权界定技术的进步可以提供不同数量和质量的信息，导致产权制度的调整。同样，制度可以促进或抑制技术的发展，比如完善的专利技术保护制度可以促进更先进技术的出现，相反，制度的缺失会抑制技术的进步。并且，制度可以规定或限制技术的选择和运用，比如在一般公认会计原则中就规定了存货计价和固定资产折旧方法选择的范围，来规范会计技术的应用。

3.1.2.3 技术应用的成本收益原则

利用技术应符合成本收益原则。技术的成本主要包括获取成本和使用成本，获取成本又包括购买成本和研发成本。购买成本主要涉及搜寻、比较选择技术花费的时间、人力和物力成本，以及支付的购买价格等；研发成本主要包括技术研发过程中的一切投入及其机会成本。在使用技术时，需要投入劳动力、货币资金和时间等多种生产要素，这些构成了技术的使用成本。技术的收益具有绝对性和相对性。技术的绝对收益源于开发利用财产某种属性的能力，会受到财产价值大小的影响。当财产本身价值较高时，其技术就具有较高的收益，当财产价值较低时，技术的收益也较低。其相对收益是相对于原有技术对价值界定的准确性而言的，体现为新技术降低了原有技术产生的交易成本。当技术的收益高于成本时，使用新技术才是可行的。直接衡量技术的成本与收益是困难的，技术的相对成本与相对收益比较容易确定。一般来讲，新技术比旧技术具有更高的开发利用资源的能力。对某种财产来讲，相对成本是新技术比旧技术多耗费的成本，相对收益是新技术比旧技术多开发的收益或者是降低的成本。

3.1.3 利益博弈层面

内生制度理论认为制度是博弈的结果。各利益集团出于自身利益最大化的动机相互博弈，获取利益，界定财产权利归属。各方相互博弈时，有正式的博弈机制（比如进行议会选举），或是非正式的博弈机制（如暴力冲突），这取决于是否有强有力的独立的一方（比如说政府）来维持秩序。在资源稀缺性的约束下，各利益集团在成本收益原则和排队原则下相互博弈攫取利益，当各利益集团获取的边际利益等于或大于其边际成本时，[①] 会出现短期的均衡，重新界定财产权利归属，形成了新的产权制度。由于技术进步、经济增长以及人们偏好改变等多种因素的影响，财产权利的范围和价值不断变化，原有制度无法完整界定财产

25

---

① 虽然各利益集团很难同时达到边际利益等于或大于其边际成本的状态，但是在财产数量和属性不变，以及各方偏好和禀赋等因素不变的前提下，在一定期间内这种状况是可以出现的。

权利，一部分利益被置于产权之外，即产生了巴泽尔（Barzel，1989）提出的"公共领域"。[①] 当公共领域中的利益足够多，高于利益集团的攫取成本时，各利益集团进一步博弈，打破原有的均衡，重新分配财产权利，直到出现新的均衡，形成新的制度。由于制度具有一定的稳定性，而财产权利是不断发展变化的，因此制度的变迁是在财产、技术和利益集团的共同作用下，以利益集团攫取公共领域利益为动力，不断循环演进的过程。

3.1.3.1　博弈的主体：个人还是集团？

本书坚持个体主义分析方法，基于经济人假设，认为个体追求利益最大化，相互博弈获取利益，而在分析制度生成时，认为制度是利益集团博弈的结果。这样就带来一系列问题：博弈的主体是个人还是集团？个体的自利行动能否以及怎样形成集体行动？孙圣民（2007）对此进行了对比分析，认为马克思以阶级为基本单元分析制度变迁，阿西莫格鲁也坚持以团体作为制度变迁的主体，但是其分析工具都是以个体利益为对象的，造成了研究目标和研究工具上的冲突。而巴泽尔（Barzel，1989）认为，"个人最大化的含义是：不论何时个人察觉到某种行动能增加他们权利的价值，他们就会采取这种行动"，指出个人最大化假设不仅可以直接分析个人行为，而且可以间接地分析组织功能。因此在巴泽尔的产权模型分析中，采用的假设是个人或组织利益最大化。诺思（North，2008）认为，组织是为达至某些目标并受共同目的约束的个人团队。可以看出，诺思认为组织中的个体具有共同目标，而巴泽尔将这个共同目标具体化为能够增加权利价值。

本书认为利益集团的博弈存在两个层面：个体之间的博弈和集团之间的博弈。个体之间的博弈又可以分为集团内部个体博弈和集团之间的个体博弈。个体为追求自身利益最大化在相互之间产生冲突，即个体之间的博弈。博弈行为具有成本，一方面个体的博弈行为本身要花费成本，另一方面在资源稀缺的前提下，任何个体获得的利益会增加其他个体博弈行为的机会成本。当成本较高时，个体的博弈行为是得不偿失的。这时，个体博弈会上升为集团博弈。由于集团中的个体一般具有共

[①]　关于"公共领域"含义的理解将在本章第 2 节中介绍。

同的目标和利益诉求，因此集团中的个体采取集体行动的成本较低，当集团行动的收益高于成本时，个体之间的博弈就会上升为利益集团之间的博弈，这时个体自身利益最大化，也就表现为集团利益最大化。

3.1.3.2 博弈的动力：对公共领域中利益的争夺

不管是个体之间还是利益集团之间的博弈，都是为了争夺产权没有完备界定而溢出的利益。巴泽尔引入了"公共领域"概念，涵盖完备产权之外的没有界定权利归属的利益。由于制度是内生于博弈的规则，因此公共领域中的利益争夺就是个体和集团博弈的动力，也是制度变迁的动力。

科斯（Coase，1937）最早提出交易成本的概念，开启了不完备产权的研究，众多学者认为制度变迁可以降低交易成本。巴泽尔（Barzel，1989）认为交易成本与公共领域之间存在天然的联系，交易成本的存在导致出现公共领域，公共领域又会带来更大的交易成本。因此，个体或利益集团相互博弈的过程，是分配界定公共领域中利益权利归属的过程，也就是降低交易成本的过程。但是需要注意的是，这里所谓的降低交易成本指的是降低与个体或利益集团自身相关的交易成本，而不是整个经济体的交易成本。从宏观的角度来看，利益集团之间的博弈还可能会增加交易成本。希格斯（Higgs，1982）通过对美国西部渔场规则变迁的研究发现，不同的捕鱼利益集团之间展开博弈，由于采用刺网等相对落后技术的捕鱼集团人数众多，而在投票决策中获胜，所形成的渔场规则最终导致了对先进捕鱼技术（鱼轮、鱼栅等）的限制，降低了生产力的效率，产生了较高的交易成本。因此，采用交易成本为主线分析制度变迁，往往容易产生混淆，降低这部分交易成本可能会增加另一部分交易成本，无法确切指明制度变迁的动力和方向。

诺思和托马斯（North and Thomas，1973）认为，制度变迁源自相对价格的变化。这种观点强调了产权利益的变化，隐含着制度变迁中的利益博弈。相对价格变化产生了来自新交易的收益，实际上就是价值发生了变化，由于存在交易成本，原有的产权制度无法完整界定新的价值利益，因此需要出现新的制度来界定新价值。这与巴泽尔的产权分析是一致的，只不过诺思指出了公共领域的相对价格变化这种重要特征。

因此，以公共领域为中心分析不完备产权，可以更好地分析博弈的动力，揭示制度变迁的过程，还可以凸显降低交易成本的作用。

3.1.3.3 博弈中的信息

诺思（North，2008）认为渐进性制度变迁源于对制度变革能否改善境况的感知，而感知的深浅则依赖于获取信息的多寡及对信息的处理方式。因此，利益集团相互博弈争取利益的过程中，信息起着至关重要的作用。因为当财产权利的形式、种类、质量以及规模都急剧增长时，特别是在当今知识专业化程度较高的背景下，各利益集团都面临着不同程度的信息不对称问题，需要依靠各种不同的信息来了解财产权利的现状，并以此为依据预测未来财产权利的变化，做出各种决策。因此，信息的数量和质量会影响各方的决策，也就一定程度上影响着财产权利的分配。各利益集团可以通过自身的调研评估获得各种信息，或者通过公开发布的渠道获取信息，也可以利用自身认可或开发的各种技术对信息进行加工处理来进一步解读。这样，各利益集团对财产权利都有着自身的评价和判断，在知识专业化、技术水平和生产水平较低的时期，各方对财产权利的评估差别不大。但是在专业化程度、技术和生产水平提高到一定程度后，各利益集团的信息不对称程度加剧，容易对财产权利状况做出错误判断，形成错误的分配，降低资源配置效率。比如，在20世纪30年代美国经济危机之前，各上市公司的财务政策并不统一，各自为政，造成了信息的严重不对称，资本市场中充斥着不同质量的会计信息，难辨真伪，最终诱发了全面的经济危机。因此，为了更好地界定财产权利，需要统一标准的高质量的各种信息，这样就要求制定各种制度来规范信息的生成过程和标准，以及信息披露的方式和途径。而20世纪30年代的大危机直接促成了一般公认会计原则的产生，在很大程度上规范了会计信息生成及披露的方式。

各利益集团在利益最大化的激励下，按照一定的博弈机制，遵循博弈原则，充分获取并分析相关信息后做出决策，一定期间内可以达到短期均衡，形成新的产权制度。新制度重新分配财产权利归属，重新界定人们之间的关系，并且为了维护新的财产权利配置方式，新制度可以对财产开发利用技术以及产权界定技术进行限定，比如规定不能采用某种技术，或是只能采用某种或几种技术。这取决于利益集团之间的实力对比，以及强势集团对技术的偏好等因素。

3.1.3.4 博弈原则

在利益最大化的前提下，各利益集团相互博弈攫取利益时，遵循以下原则：

（1）成本收益原则。

对利益集团自身而言，在相互博弈攫取利益时应该遵循成本收益原则，即获得的利益高于付出的成本时攫取行为才是可行的。在交易成本不为零的世界里，由于受到自身认知水平、资源禀赋、开发利用水平以及信息不对称等因素的影响，各利益集团对攫取行为可能获得多少收益的理解也是不一样和不确定的。

一般来说，产权利益至少包括两个方面：一是所获利益的大小，二是获得利益承担的风险。所获利益的大小受到多方面因素的影响，例如，受到产权利益的属性影响，比如这部分利益是获得即可使用，还是需要再开发才能利用。如果获得利益即可使用，那么这部分利益在攫取时是确定的；如果需要进一步开发才能利用，那么这部分利益是预期可能获得的，不一定能够实际获得，存在不确定性。产权利益还会受到技术的影响，比如与传统人工撒网捕鱼方式相比，很显然机械拖网捕鱼方式效率更高，一次打捞获得利益也越大。当然，不同的劳动手段往往意味着不同成本投入，机械化方式投入的成本相对较高，应该和其获得利益相比进行权衡取舍。

攫取产权利益所承担的风险也可以分为两个层面：一方面是产权利益本身的风险，另一方面是各利益集团之间相互竞争导致的风险。对于没有完整界定的产权，需要花费一定的成本了解认识其价值，并且能否真正获得利益还存在不确定性。同时，各利益集团对产权利益无秩序的攫取也增加了获取利益的不确定性，进一步激发了相关各方的机会主义行为，比如在 2008 年金融危机前形成的金融资产泡沫就是人们攫取利益的机会主义行为产生的结果。因此，利益集团在相互博弈时应当综合考虑可能获得利益的大小与其承担的风险。

攫取产权利益需要付出的成本，既可以是货币资金也可以是有形的实物，还可以是无形的权利或时间等。利益集团博弈会缩小公共领域的范围，降低公共领域带来的交易成本，但是博弈行为本身带来的成本又会降低资源配置效率。同时，所付出的成本也是有风险的，一方面是因为投入成本是为了攫取公共领域中的利益，而攫取公共领域中的利益本身是有风险的，因此需要投入多少成本也存在不确定性。另一方面是由于利益集团对公共领域中利益的争夺，也会加剧成本投入的风险。比如，在同一条河流中既可以通航也可以捕鱼，通航的船舶会干扰捕鱼，而捕鱼人也会采取增加捕鱼装备，或者提高捕鱼频率以及延长捕鱼时间等措施，这都会增加成本的投入。

在综合考虑了成本与收益之后，各利益集团决定是否攫取公共领域中的利益，只要收益高于成本，攫取行为就是可行的。

（2）排队原则。

对利益集团之间而言，在攫取利益时应遵循排队原则。既然是排序，就应该有一定的排序标准。巴泽尔（1989）在《产权的经济分析》一书中，对排队配给（rationing by waiting）进行了系统分析，在书中，他举了一个例子："有一公告称，在某地点排队的第一个人将会得到100万美元，第一个听到公告的人会马上到排队地点，但是如果排队秩序得不到维持，那么获得这100万美元的人可能就是某位开着装甲车、拿着机关枪的人。在这个例子中，如果排队秩序得到维持的话，那么排队的标准就是时间，即先到者先得，在后文的分析中，巴泽尔都假定排队被维持得秩序井然；如果排队秩序没有维持的话，那么排队的标准就是攫取利益的手段和实力，这样采取最暴力手段的人就可能获得包裹。"因此在不同的环境中有不同的排队标准，如在一个官僚社会中，可以按照权力或职位进行排队，对学生则可以按照学号或成绩进行排队。

因此，利益集团在相互博弈攫取公共领域中的利益时，都要至少遵循这两个原则，即利益集团自身的攫取行为要遵循成本收益原则，利益集团之间要遵循排队原则。

3.1.3.5 制度的形成

（1）制度的成本都会导致一部分利益不可能被完整界定。

制度的制定和运行具有较高的成本，在成本收益原则下，制度无法界定所有的财产利益，必然有一部分利益被置于公共领域。一般认为，制度具有转换成本、运行成本和摩擦成本等（黄少安，2003）。除此之外，还应该包括制度的制定成本，如在制度制定过程中，会有专门的负责机构和人员负责制度的起草、修订以及咨询等工作，产生设计、咨询和修改等成本。同时，制度是利益集团博弈的结果，博弈行为会耗费较高的成本，所以制定成本中还应包含博弈成本。总之，与制度的生成相关的成本可以称之为制定成本。当制度发生变革时，就会产生转换成本。这包括到对制度本身的学习理解、制度配套措施、设施以及技术等内容的转换，涉及制度变化的各个方面。制度变迁完成后还会产生运行成本和摩擦成本。运行成本是常态的主要的制度成本。而在新旧制度之间，以及新制度与其他制度之间还可能存在由于观念差别、程序或技术衔接造成的冲突，产生一定的摩擦成本，当制度运行顺利后，摩擦成本会逐渐消除。由于制度的产生、运行和转换都产生较高的成本，必然导致一部分利益被置于公共领域中。

（2）制度产生的条件。

在交易费用不为零的情况下，制定与实施新制度可以相对完整地界定公共领域中的利益，降低交易成本。同时，新制度也会产生两方面的成本：当制度缺失时，权利无法完整界定，产生较高的制度缺失成本；而制度的制定与实施又具有较高的成本等。因此，制定并实施新的会计规则既会降低交易成本，也会增加交易成本，只有当降低的交易成本高于增加的交易成本时，新制度才会取代旧制度。

3.1.4 财产、技术与利益博弈的逻辑关系

综上所述，产权制度是一个完整的综合体，包括财产、技术和利益集团博弈三个层面。财产具有有用性和稀缺性等特点，财产开发利用技术可以实现并增加财产价值，产权界定技术可以界定和计量财产价值并披露相关信息，技术的选择还受到财产属性的影响；各利益集团为了获取财产利益，以利益最大化为出发点，按照一定的博弈机制，遵循博弈原则，分析利用获取的相关信息，相互竞争博弈，在一定期间可以达到短期均衡，形成产权制度；产权制度界定财产的权利归属，并且为了维护这种权利分配方式，产权制度还可以规范财产开发利用技术和产权界定技术的使用。同时，博弈的成本以及制度的建立与维护成本也会降低资源配置效率，如图3-2所示。

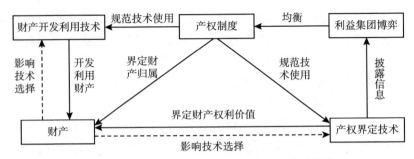

图3-2　财产、技术与利益集团博弈之间的逻辑关系

但是，财产、技术、利益集团的禀赋偏好以及博弈机制等因素不是一成不变的，因此产权制度会遵循上述逻辑关系不断变化。财产价值是不断变化的，新资源的发现、利益集团偏好的改变以及先进的生产技术和产权界定技术的应用等因素都会导致财产价值的增加。由于存在交易成本，增加的财产价值可能产生于原有制度之外，或者在原有制度中界定不完备。这样，没有界定权利归属的利益就会引发新一轮的博弈，按照同样的逻辑，形成新的产权制度。因此，处于公共领域中的利益在新的产权制度形成过程中起着重要作用，是制度变迁的诱因和动力来源。巴泽尔的产权模型将这种没有界定权利归属的利益称为"公共领域"。

3.2　"公共领域"的含义及作用

3.2.1　巴泽尔的产权模型

巴泽尔（1989）在《产权的经济分析》一书中提出了"公共领域"（public domain）概念，形成了一种新的产权分析范式。他认为产权至少包括使用权、收益权和转让权，并且行使三种权利存在交易成本，这导致了产权的相对性，使得产权不能被绝对拥有。如果交易成本为零，产权被完整界定；如果交易成本大于零，产权就不能被完整界定，会受到自己保护、他人夺取和政府保护程度的影响。由于测量资产属性的成本很大，因此产权往往不能被完整界定，一部分产权利益就进入公共领域。人们会花费成本攫取公共领域中的利益，只要攫取的利益高于成本，这种攫取行为就是可行的。通过分析美国奴隶社会中奴隶赎身问题，他认为通过给予奴隶们部分所有权来换取奴隶们更有效率的劳动，可以增加奴隶主的价值。因此，存在交易成本的前提下，产权的分割与交换可以增加产权初始所有者的净得益。

在分析关于权利配置的影响因素时，巴泽尔认为在产权权利束中，收益权是影响资产价值的重要权利，如果收益权受他人影响的成本越低，说明产权越容易受到侵害，资产价值也就越低。而收益权受他人影响的程度，取决于资产属性的"易变性"和产权配置方式。在收益权不受他人影响的权利配置方式下，资产属性的变化会影响资产价值的高低，但是不会影响产权的确定性。但是当收益权受到他人影响时，产权就无法完整界定。事实上，由于测量资产收益水平的成本不可能为零，因而追求收益最大化的所有者不会精确地测量资产的全部收益，这样，一部分收益就被置于公共领域，被其他各方攫取。在这种情况下，只有一种产权配置方式使得资产价值最大，巴泽尔（1989）指出最优配置的总原则是："对资产平均收入影响倾向更大的一方，得到剩余的份额也应该更大。"

巴泽尔认为精确测量资产收益的成本使得产权不会被完整界定，部分利益留在公共领域，也就是认为交易成本使得界定的产权价值低于真实产权价值。但是，交易成本也可能使得各产权主体所测量的资产收益高于其真实水平。比如，在 2008 年金融危机前，次贷衍生证券发行者通过侧重披露关于未来较好的信息，隐藏不利信息，来提高潜在投资者对证券的定价。这实际上就是证券所有者通过增加交易成本，让潜在产权主体无法完整界定证券的权利，这样，证券所有者提前攫取了公共领域中的利益，但这部分利益并未实现（因为证券没有变现，没有实际的现金流入）。当交易发生时，如果潜在的产权主体有能力测量资产的真实收益水平，则有可能以接近于真实价值的价格获得金融资产；如果无法测量资产的真实收益水平，则会按照初始产权主体界定的价值转让产权，这样提前攫取的产权利益就会实现。这种攫取财富的方式产生的条件是信息的不对称。

在分析个人权利和经济组织之间的关系时，巴泽尔以个人或组织使权利价值最大化为基本假设，认为组织的功能可以归结为"各种不同的权利由一个与它有关的个人向另一个的让渡"。① 而企业是由股东、管理层、债权人、政府、职工、客户等利益方缔约形成的组织，其功能就是促成和保障这种权利让渡，股东在保留归属权的前提下，将资产的使用权等权利部分或全部地让渡给管理层，以换取更大的经济效益，而管理层通过让与股东支配自己时间、精力的权利以及所管理企业的收益的归属权来获取自己的收益。债权人通过在一定期限内向股东和管理层让与债务资本使用权来交换未来获取利息的权利。股东和管理层通过让与未来现金流（利息）的权利来获取一定期限内使用债权人资本的权利。

3.2.2 产权分析中"公共领域"的内涵

3.2.2.1 不完备产权的两个种类

关于不完备产权的分析，有两种代表性的观点。一种是巴泽尔（1989）的观点，他认为，交易成本的存在，使得产权主体在最大化个人收益的前提下，无法或不愿完整界定产权而使得一部分利益流入公共领域，各利益集团会争相攫取被置于公共领域中的利益。这也就意味着巴泽尔产权模型中的"公共领域"是指由于产权没有完整界定而形成的权利模糊区域，利益集团可以争相攫取。因此，可以看出，公共领域存在一定的合理性，因为界定公共领域中利益归属的成本较高，界定利益的权利归属可能是得不偿失的。但是由于人们的偏好改变、技术进步等因素也会导致公共领域中的利益发生增减变化，当利益高于利益集团的攫取成本时，利益集团会攫取利益，形成新的产权制度。

另一种是黄少安（2008）的观点，他从空间上对产权公域和产权领域两个概念进行了定义和区分，认为"产权公域是指不同的产权及不同产权主体在原有产权得到划分和确认的前提下，产权权能范围的交叉或重叠。……产权领域是指不同产权的权能范围相邻的区域，其界限是分明的"。② 并且通过分析同一条河流中通航与捕鱼的例子，具体说明权利出现交叉重叠的情况。黄少安定义的产权公域，认为各项权利得到

---

① 巴泽尔：《产权的经济分析》，费方域、段毅才译，上海三联书店、上海人民出版社1997 年版，第 9 页。

② 黄少安：《制度经济学》，高等教育出版社 2008 年版，第 17 页。

了明确的划分和界定，但是存在权能范围的交叉或重叠，这也会降低权利配置效率，带来较高的交易成本。

没有界定权利归属的公共领域是任何单一产权主体无法完整界定产权，导致的产权利益流出，要减少这部分公共领域应增强识别与开发使用这部分利益的能力。权利交叉重叠形成的产权公域，是产权主体之间的产权界定不清、权利划分存在冲突导致的，因此要消除这部分产权公域应重新界定权利归属。假如将黄少安分析产权公域中采用同一条河流中通航与捕鱼的例子进行扩展，假设河流的水深超过 10 米，且航行和捕鱼的作用范围都在水深 10 米以内，这样，由于可能存在水底生物甚至文物遗迹等对人们有价值的资源，整条河流的产权就可以划分为两个层次。水深 10 米以内，由于既可以通航也可以捕鱼，存在权利的交叉重叠，导致了两个产权主体的产权无法完整界定，出现产权公域；水深 10 米以下的河流区域，由于没有划分权利归属，但存在有限地对人们有用的资源，人们可以相互争夺攫取利益，因此属于没有界定权利归属的公共领域。这两种情况都会降低资源配置效率。要消除交叉重叠形成的产权公域应重新配置权利，比如限定这条河流只能通航，或者只能捕鱼，或者划定捕鱼和通航的各自区域，互不干涉。对于没有界定产权形成的公共领域，可能是由于人们缺乏识别权利的能力，比如不知道水底有什么资源，也可能是由于人们缺乏获取权利的能力，比如知道水底有矿产资源，但是没有能力开发利用。因此，要消除这部分公共领域，应增强人们对财产权利的识别和利用的能力，并且在产权主体之间合理配置权利。

简而言之，有两种公共领域：一种是没有明确划分和界定权利归属的权利模糊区域，各利益集团都可以在其中攫取利益，即巴泽尔所称的"公共领域"；另一种是权利得到明确划分和界定，但是出现交叉重叠的权利公共领域，即黄少安所称的"产权公域"。这两种产权不完备的情况，是产权分析中的重要方面，对分析产权制度变迁和效率具有重要意义。为便于分析，本书中所称的公共领域，均指没有明确划分和界定权利归属而形成的公共领域，并且主要针对这部分公共领域展开分析。

3.2.2.2 公共领域的财产基础

公共领域是由于交易成本的存在使得产权无法完整界定而产生的，

也就是说完备产权与不完备产权的主要区别在于是否完整界定，而两者具有相同的基础和载体——财产。财产与权利的关系，如图 3-3 所示。

部分完整界定的产权	交叉重叠的权利	未界定的权利
财产		

图 3-3　财产与权利关系

财产是产权的基础，财产的权利有不同的权利配置方式，体现了人与人之间不同的关系。有些权利是被完整界定和维护的即完整产权，有些权利是交叉重叠的，有些权利是没有分配界定的。

3.2.2.3　公共领域的来源

在本章第 1 节中，我们已经分析过完整的产权界定包括财产、技术和利益集团博弈三个层面。处于公共领域中的是没有完整界定权利归属的利益，因此公共领域也来源于财产、技术和利益集团博弈三个层面。

财产是产权的基础也是公共领域的基础。在一定制度和产权界定技术水平的基础上，财产开发利用技术的进步、人们偏好的变化等因素会导致财产属性和价值的变化，这就使得原有的制度和技术无法完整界定新的价值属性，将一部分新的财产利益置于公共领域。

技术的水平以及成本会导致公共领域的产生。技术的获取和使用是有成本的，不可能无限制地使用完全精确的技术，这必然导致一部分财产权利的价值无法开发利用，或是无法完整界定，以此为基础的财产权利分配会带来更大的交易成本。使用技术的成本收益原则，使得技术产生的公共领域具有相对性，主要取决于其成本收益的对比，当旧技术形成较大的公共领域时，会促使新技术的产生，以获取或界定旧技术无法获得利益。

利益集团之间相互博弈，攫取利益，可以极大地降低财产和技术所产生的利益公共领域。严格来讲，博弈行为本身会界定所有利益的权利归属，并不产生公共领域。但是各利益集团为博弈行为花费的成本，以及最终形成的制度的成本会降低资源配置效率，再加上财产和技术自身的特点会产生公共领域，因此博弈的结果会减少处于公共领域中的利益，但是不会完全消除。

财产、技术和利益集团博弈三者之间是动态变化、相互影响的关系。财产权利的不断变化导致原有技术和制度产生公共领域，技术要在成本收益原则下做出调整准确界定财产权利的价值，相关利益集团在利益最大化前提下相互博弈，争相攫取处于公共领域中利益，形成新的产权制度。这是一个不断演进的循环过程。

3.2.2.4 公共领域产生的必然性

巴泽尔的产权模型认为，交易成本的存在导致产权无法完整界定，形成公共领域。公共领域中的利益，对人们具有使用价值，由于没有界定或者没有完整界定权利归属，因此不具有排他性。或者说，公共领域也反映了人与人之间在攫取利益时的一种潜在竞争关系。

由于人们认知水平和科学技术的发展，更多的资源会对人们具有使用价值，并且受到空间与认知能力等因素的限制，会导致一部分利益没有界定，形成公共领域，这就需要建立一种新的制度合理配置权利。同时，权利交叉重叠形成的产权公域，一方面是由于初始权利分配不清造成的，另一方面，在一种既定的权利配置方式下，由于资产属性、监管的效率以及产权主体的偏好和利益要求等因素不断变化，也会使得权利出现重叠交叉，不断产生产权公域。总之，由于交易成本无法消除，财产权利不断发展变化，而产权形式具有一定的稳定性，只有当界定利益的所得高于成本时，才会出现新的产权配置方式，所以出现公共领域具有一定的必然性。

3.2.2.5 公共领域的作用

通过以上分析我们知道，公共领域具有相对性是客观存在的，由于财产权利是不断发展变化的，财产、技术与利益集团之间的相互适应和调整形成一个不断演进的动态循环过程。在这个过程中，公共领域也就具有积极和消极两方面作用。从消极的角度来看，公共领域的产生会进一步增加交易成本，降低了资源配置效率。从积极的角度来看，在初始产权界定较为完备的前提下，公共领域之所以产生主要是由于人们对社会文化、物质资源等有了进一步新的认识，并伴随着资源开发利用水平的提高，人们逐渐认识到资源的新价值。各利益集团为最大化自身利益势必会攫取这部分新的利益，这就需要新的权利配置方式来规范人们之间的关系，这样就产生了新的产权形式。

3.2.2.6 公共领域、产权公域与所有制

所有制是重要的权利配置方式，所有制通常具有三种形式：共有制、私有制和国有制。而公共领域、产权公域是由产权界定不完备导致的，因此在不同的所有制形式下，公共领域和产权公域具有不同的表现形式。

共有制是指由所有成员共同拥有并实施的权利。共有制不具有排他性，但是并不意味着行使权利没有秩序，隐含着所有成员在一定的秩序下行使权利，并不造成权利的交叉重叠，如在同一土地上有序适度地狩猎或耕作，这有利于形成对土地开发利用的良性循环。但是德姆塞茨（Demsetz，1967）通过分析共有土地问题指出，在共有制下，由于谈判成本和监察成本较高，每个行使权利的人在获取利益的同时都不必独自承担成本，存在"搭便车"问题具有较大的外部性。因此在共有制下，一方面，较高的谈判和监察成本使得行使权利缺乏秩序，每个权利主体不计成本地过度行使权利，实际上就造成了对其他权利主体的干扰，造成了权利的交叉重叠，形成产权公域。另一方面，较高的谈判成本意味着各利益集团共同协商开发新知识新技术来认识和利用资源潜在有用性的可能性较低，因此会将一步将利益置于公共领域中。

共有制并不意味着无条件拥有，而是强调在一定秩序下所有成员共同实施权利，产权公域强调权利配置不清晰导致的权利交叉重叠，在共有制下缺乏秩序会产生产权公域。比如一条马路一侧的辅道由行人和骑自行车的人共有，既可以走人也可以骑车。而且我们有一般的行为规则：行人靠右行走并且按序通行，也就意味着自行车在行人左侧通行。这样辅道既是共有的，同时权利也被合理配置，所有权利主体按秩序行使权利。但是这个行为规则不是法定的，要靠道德约束，如果有人打破规则，比如出现行人走到路中间或者自行车挤占行人道路等情况，这样就出现了权利交叉。

私有制意味着将一定的权利分配给特定的人，并且排他性地行使权

利。私有制的排他性使得权利归属非常明确,因此行使权利带来的利益和成本也都由所有者承担。但是随着越来越复杂的资产潜在属性被开发,以及人类经济活动范围的不断扩大等,都极大地增加了所有者行使权利的成本,比如所有者要清楚,行使权利后可以带来多少收益,要付出多少成本,各具有什么形式,面临多少风险等问题。因此为了降低交易成本,在以私有制为基础的企业产权制度中,所有者将权利束分开,自身拥有所有权,将经营权交由具有更专业知识的企业管理层行使,同时设置对管理层的约束激励机制。表面上看权利划分是明确的,但是由于获取关于行使权利的收益和成本信息较为复杂,① 使得权利行使过程中存在重叠交叉的情况。比如一般来讲,所有者拥有重大事项的决策权,但是本身并不直接掌握关于资产的相关信息;管理层行使资产的经营权,掌握关于资产的全面信息,两者之间的信息不对称就导致了较高的交易成本。这样就使得两者权利划分的边界比较模糊,很容易造成权利的交叉重叠,形成产权公域。甚至管理层可以通过控制信息披露的质量和程度,增加交易成本,来攫取应归属于所有者的利益。

国有制是按照一定的政治程序决定某些个人或组织可以排他地行使某项权利的所有制形式。国家拥有所有权,也就掌握了全国范围内的所有权利,要在全国范围的基础上系统合理地配置权利,由于缺乏充分的信息势必意味着更大的交易成本,很容易造成权利的交叉重叠形成产权公域。国有制可以分为单一的国有制,即计划经济体制,和以公有制为主体的多种所有制形式并存,以市场经济体制为资源配置方式的国有制。新中国成立后实行的计划经济体制就是在全国范围内统一配置的权利,在早期经济基础比较薄弱,生产资料相对匮乏的情况下,计划经济体制呈现出较高的资源配置效率,很大程度上促进了经济发展。计划经济体制可以高度有效地集中资源,对重点产业和项目进行集中建设;全国范围内的指令性计划,可以统一协调整体资源配置,并且容易贯彻执行。但是随着经济规模的扩大,生产技术的复杂化,以及资源稀缺性加强等因素使得原有计划体制效率降低,产生了较大的交易成本。改革开放以后,我国逐渐由计划经济体制转变为市场经济体制,国家仍然拥有全国范围内的大部分资源的所有权,但是要按照市场机制来配置其他权

---

① 所谓信息的复杂性,既是由于有关收益和成本信息的真实性,也是由于相关信息的数量和专业性所综合导致的。

利，极大地增强了资源配置效率。

3.3 "财产、技术与利益集团博弈" 产权制度分析框架

3.3.1 "财产、技术与利益博弈"产权制度框架基本逻辑

综上所述，完整的产权界定包含财产、技术和利益集团博弈三个方面，它们相互影响按照一定的逻辑形成产权制度，如图 3 - 4 所示。

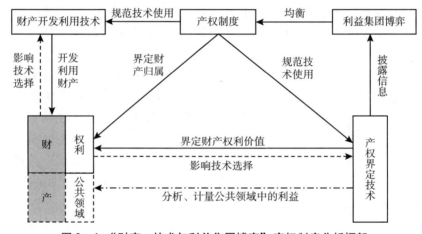

图 3 - 4 "财产、技术与利益集团博弈"产权制度分析框架

3.3.1.1 本分析框架的基本逻辑

财产是产权的基础，具有有用性和稀缺性等特点。技术可以分为财产开发利用技术和产权界定技术。财产开发利用技术可以开发财产功能，获取财产价值。产权界定技术负责从空间、时间、数量、重量和价值等方面，具体界定财产权利范围，计量评估其价值，还可以对财产开发利用技术进行评估计价，并且将相关产权信息以各种方式向信息使用者披露。两种技术的选择要符合财产属性的特点，还会受到环境保护、劳动力水平以及资本约束等各种因素的影响，并且技术的选择还要符合

成本收益原则。各利益集团通过分析利用公开获取的或者自身获取的相关信息进行决策，按照一定的机制遵循成本收益原则和排队原则展开博弈获取利益。在资源稀缺的前提下，各利益集团在一定期间内会达到短期均衡，界定财产的权利归属，形成产权制度。

但是交易成本的存在，使得产权无法完整界定，一部分利益被置于公共领域。产权分析中公共领域是客观存在的，无法完全消除，这主要是由于在一定制度下，自然环境的变迁、科学技术的创新、人们习俗偏好的改变以及资本等约束条件的不断变化，使得财产权利的属性和价值也会不断地发生改变。再加上各利益集团的博弈行为本身要耗费成本，并且制度的制定、实施以及维护都需要耗费大量的成本，要符合成本收益原则，因此任何一种制度都不可能完整界定所有的利益，一部分利益必然被置于公共领域中。利益集团可以利用自身掌握的各种产权界定技术评估分析处于公共领域的利益，攫取行为花费的成本，以及其他利益集团的可能行为，并综合利用分析获得信息进行决策。在自身利益最大化的前提下，处于公共领域中的利益又会驱动利益集团之间新一轮的博弈，形成新的产权制度。相对于旧制度来说，新制度会形成新的财产权利分配方式，界定利益归属，但是同样无法完全消除公共领域。因此，制度就是在财产、技术和利益集团博弈三方面共同作用下，按照一定的逻辑不断发展变化的。

3.3.1.2 本分析框架的特点

本书的制度分析框架，包含财产、技术和利益集团博弈三个方面，认为产权制度是利益集团博弈的结果，利益集团之间的冲突博弈是出于对公共领域中利益的争夺，而公共领域是由于存在交易成本使得原有制度无法完整界定产权导致的，再加上交易成本始终存在，不可能完全消除。所以制度是在财产、技术和利益集团博弈三方面综合作用下的短期均衡，并且这是一个不断演进的过程。该制度分析框架具有以下四个特点：

第一，将制度的生成和演进统一起来。黄凯南（2010）认为，"一个完整的制度理论分析必须包含对制度生成和制度演变的内生性解释"。内生制度理论强调制度的内生性，制度绩效理论强调制度对经济绩效的作用，本框架则将制度的两个重要方面统一起来，认为公共领域中的利

41

益引发利益集团博弈，利益集团博弈形成了制度，制度规范财产权利归属和技术标准，降低交易成本，促进财产权利发展变化，在原有制度的基础上进一步导致公共领域的扩大，引起新一轮的博弈，产生新的制度。

第二，强调了制度生成的一般过程和动力机制。认为制度是内生的，利益集团博弈过程是对公共领域中利益的争夺，而公共领域是在一定制度下，由于人们偏好、习俗和认知能力，以及技术和资源禀赋变化而产生的，更好地解释了社会冲突论认为的博弈冲突形成制度的观点。

第三，在制度变迁过程中强调了产权界定的重要作用，特别是在财产权利越来越复杂的情况下产权信息传递机制在博弈中的重要作用。从横向上，分析了制度之间的变迁逻辑和规律，从纵向上，强调了不完备产权在制度变迁的重要作用。

第四，将技术纳入制度分析框架，并且根据不同的功能，将技术划分为财产开发利用技术和产权界定技术，这样一方面强调了技术对财产权利的重要影响，另一方面强调了博弈过程中产权界定（特别是产权信息）的重要作用。同时，划分出产权界定技术也就凸显了关于财产权利的信息机制的在博弈中的重要作用。

3.3.2　与巴泽尔产权模型的比较

巴泽尔的产权模型正式提出了"公共领域"概念，指出公共领域中没有界定权利归属的利益是引起利益集团攫取行为的重要因素，强调了没有界定产权的利益的重要作用，并且指出交易成本是导致公共领域出现的重要原因。巴泽尔的模型揭示了产权界定、交易成本与公共领域之间的关系，开启了产权分析的新的重要领域，有利于分析产权变化的规律，而不再是一味地将引发产权效率丧失的因素笼统地归类为"交易成本"。本书的分析框架以公共领域为基础，进一步分析指出财产是公共领域存在的基础，公共领域中的利益同样具有稀缺性、有用性和相对性等特点，交易成本的存在使得公共领域的产生成为必然。公共领域具有相对性，相对于原有制度来讲，公共领域增加了交易成本降低了资源配置效率，相对于新制度来讲，公共领域为制度变迁提供了动力基础，促进了新制度的产生。

关于利益集团之间的博弈，巴泽尔通过分析美国奴隶赎身问题，具体讨论了奴隶和奴隶主两大利益主体之间展开的攫取劳动力的博弈过程。最终由于存在较高的监督成本，以及奴隶所拥有的关于劳动力的信息优势，一部分奴隶成功地从奴隶主手中赎身。并且他认为个人最大化的假设可以用于组织，甚至是整个社会。虽然巴泽尔没有明确指出制度是利益集团博弈的结果，但是关于博弈过程及结果的分析隐含了这一重要结论。本书的产权制度分析框架不但认为制度是博弈的结果，而且系统分析了博弈中的集团和个体行为在一定程度上具有一致性，博弈的动力源于利益集团对公共领域中利益的争夺，博弈行为遵循成本收益原则和排队原则，并且信息对于利益集团的博弈行为具有重要的作用，交易成本的存在使得博弈行为建立在有限理性的基础上。本框架对博弈行为的系统分析将个体或集团的利益最大化行为和制度的形成联系起来。

关于技术的作用，巴泽尔认为技术在产权界定和制度变迁中具有重要的作用。在分析奴隶赎身问题时，他指出奴隶主采用计件和计时两种方法监督劳动产出，这两种方法都直接向奴隶主提供了关于劳动力的产权信息。而奴隶作为自身劳动力的天然所有者，拥有关于自身劳动力的全面信息，在博弈中处于信息优势地位，这也是奴隶能够最终成功赎身的重要前提。在分析北海所有权转变时，巴泽尔认为水下钻探技术的广泛应用使得人们认识到该地区含有天然气和石油，增加的财产价值被置于公共领域中，促进了有关国家对北海产权的划分。同时，巴泽尔认为技术的运用具有较高的成本，指出要精确测量商品诸多属性，以及监督交易过程都具有较高的成本，由此将一部分利益置于公共领域。本书在继承巴泽尔观点的同时，将技术明确划分为财产开发利用技术和产权界定技术，强调了技术在制度变迁中所起到的不同的重要作用，这也是公共领域不断扩大，激发利益集团博弈和促进制度变迁的重要动力来源。

3.4　制度变迁的经验研究

3.4.1　美国科姆斯托克矿产权案例

加里·利伯凯普（Gary Libecap，1978）在"经济变量与法律的发展：西部矿产权案例"① 一文中，以美国西部科姆斯托克矿为案例，采用兰斯·戴维斯和道格拉斯·诺思（Lance E. Davis and Douglass C. North，1971）在《制度变革与美国经济增长》中提出的研究框架，即假定制度响应变化中的私人需要或获利潜力得到发展，对其产权在19世纪的演进过程进行经验研究，结论认为矿产权法律制度不是独立演化的，而是由外部力量不断形成的，是一种减少所有权不确定性的调整过程。文章对科姆斯托克矿产权制度变革进行了历史描述和统计检验，这做出了开创性的贡献。但是，文章并没有对导致制度变革的外部力量进行系统分类，研究各种因素的作用及其之间的逻辑关系，因此其解释力略显不足。本书的研究框架在此基础上进一步扩展，指出完整的产权制度包含财产、技术与利益集团博弈三个重要的方面，私人需要或者获利潜力来源于想获取公共领域中的利益，并且分析了公共领域存在的必然性及作用，以及形成新制度的三个方面和变迁逻辑。本部分利用"财产、技术和利益集团博弈"分析框架，借鉴伯凯普在文中描述的史料，对科姆斯托克矿产权制度的变化进一步进行解读和分析。

利伯凯普在文中介绍，1858~1895年期间内华达州的科姆斯托克矿脉是矿藏最丰富的区域之一，在1866年之前是公共土地。但是私人为了获取利益进行的采矿行为使得矿山所有权规则在1858~1895年期间发生了快速的变动。19世纪50年代在内华达州西部地区存在采矿活动，发现的新矿藏资源会增加采矿者的"排他性控制的预期现值"。不同的采矿者构成了各种利益集团，他们会努力改变法律权力结构，保持对所获矿山利益的控制。

3.4.1.1　采矿营地规则的形成——初始产权

在矿脉发现以前，科姆斯托克地区的土地价值不高，是公共土地，没有授予私人所有权的联邦程序，探矿者在土地分配上的冲突很少。但是在1859年发现矿脉之后，矿石预期产量增加，土地所有权价值增加，原有的公共土地所有权制度无法界定发生较大变化的财产权利，大量的

---

① 首次发表于《经济史杂志》第38卷第2期（1978年6月），后收录于《制度变革的经验研究》，［美］道格拉斯·C. 诺思、张五常等著，罗仲伟译，经济科学出版社2003年版，第40~70页。

利益流入公共领域。再加上联邦政府允许探矿者在占用公共土地时不用支付款项，这样就吸引了更多的采矿者。他们为获得更大的利益相互博弈加剧了对土地的竞争，比如"新发生的3149件索要土地权，大多数是科姆斯托克矿脉或邻近矿脉的一部分"。① 利益集团之间的无序竞争会产生较大的成本，因此探矿者们建立起"采矿营地政府"，制定采矿营地规则以维护私有财产，并通过矿工法院进行实施。采矿营地规则规定了财产权利归属，如规定个人份额大小、授予探矿者地方承认的矿产土地所有权等，规定了土地产权界定技术，如标示土地分界线的程序等内容。在短期内，采矿营地规则界定了矿产土地的所有权。

3.4.1.2 内华达州政府及其矿产规则的建立——产权制度变迁

（1）公共领域的产生。

伴随着矿石产量的不断增加，矿山所有权的价值也不断增加。并且财产结构也发生了较大变化，早期小规模的开采在1861年已经将矿山表层的矿石采尽，转而进入较深的地下矿石层进行开采，这样就需要投入较高的资本，采用地下挖掘技术和淘选技术等。原有的采矿营地规则虽然明确界定了相同矿层的矿山之间表层下部的土地边界权，但是没有明确界定不同矿层上矿山之间的边界，这也就意味着准许矿工沿着在地下可以延伸到任何地方的矿层截面进行开采。而矿工法院由于缺乏精确的矿层界定技术，无法确定矿层是否是分开的，因此也就缺乏必要的产权界定信息。财产数量和结构的变化使得原有的采矿营地规则无法界定新的财产归属，部分利益流入公共领域，逐渐增加的矿山价值以及无法完整界定的矿层都极大地增加了公共领域中的利益。

（2）利益集团之间的博弈。

公共领域中逐渐增加的利益引起了更多利益集团之间的争夺。

①采矿者之间博弈。

采矿者们对公共领域中的利益进行疯狂的猎取，这种激烈的竞争带来了较大的成本，表现为：

"至1861年年底，在这个城市中已经成立了86家矿产公司，总资本存量达6150万美元。到1864年，由三个法官组成的小型区域司法体

① ［美］道格拉斯·C.诺思、张五常等著：《制度变革的经验研究》，罗仲伟译，经济科学出版社2003年版，第47页。

系被大量诉讼案负荷所压倒，这些诉讼案引发自对科姆斯托克矿山的竞争……地区法院的备审诉讼案目录表上有 304 个诉讼案，其中 3/4 涉及到采矿。"[①]

由于受当时的勘探技术所限，只有在采矿活动最终揭示了不同的探矿者开采的是平行的还是分离的矿带之后，法院才根据这些清晰的证据信息，按照采矿营地规则初始界定的索取权进行裁决。到 1865 年，通过司法裁决已经解决了大部分平行土地索取权之间表层下部的矿层边界问题，维护了矿山资源的所有权结构和矿产权规则。

②本地与州外矿山所有者之间博弈。

1862 年，拥有矿山所有权的内华达州本地所有者为了限制外地所有者提出一项限制州外公司的法案，但是在矿山所有者们的游说下，没有获得国会的批准。

③联邦政府与矿山所有者之间的博弈。

同时，联邦政府也加入了矿山利益攫取中，考虑按照总收益的 5% 征税，并且出售矿藏以获取收益。矿山所有者之间以及与联邦政府之间在国会展开博弈，最终通过采矿者集团强大的游说活动，成功抵制了联邦政府的征税意图，最终将税率减少到 0.5%，并且于 1864 年 10 月成立了新的内华达州政府，州立法机构改进了矿产权规则，如明确了更为详细的索取权登记员职责等。

④联邦政府与州政府之间博弈。

联邦政府与州政府之间也展开了博弈，国会提出一项以较高的估价 5 亿美元购买西部矿山的议案，如果该议案获得通过，相当于否决了内华达州确定的所有权结构，也就相当于质疑了内华达州政府的地位。最终，在加利福尼亚州和内华达州代表的游说和努力下，该议案没有通过。而在 1866 年 7 月通过一项承认现存所有权结构的法律，这也就进一步确认了内华达州政府的合法性。

通过这些利益集团多方面的博弈，最终形成了短期均衡，到 1868 年科姆斯托克建立起比较稳定的矿山所有权结构，即使在 1876 年矿山产出以及矿山价值不断增加的情况下，整个矿山也没有出现任何重大的冲突。最终，矿产权法律变得高度确定。

---

① ［美］道格拉斯·C. 诺思、张五常等著：《制度变革的经验研究》，罗仲伟译，经济科学出版社 2003 年版，第 49~51 页。

通过采用"财产、技术与利益集团博弈"的分析框架，对科姆斯托克矿产权规则的变化进行了进一步分析，认为在原有产权规则下，财产权利的变化将更多利益置于公共领域中。在自身利益最大化前提下，公共领域中的预期非排他性利益，会吸引更多的利益集团攫取利益，它们之间相互博弈达到一种短期均衡状态，即形成新的产权分配方式。由于人类认知能力和科学技术水平发展等因素，都会导致财产权利的变化，因此这是一个周而复始不断演进的过程。在这个过程中，对公共领域中的利益进行争夺是产权制度变迁的动力。这与利伯凯普在《经济变量与法律的发展：西部矿产权案例》一文中的结论一致，他认为在文中他所采用的制度变革模型强调变革拥护者的净收益报酬，而这种净收益报酬就来源于本文提出的制度分析框架中的公共领域。

3.4.2　华盛顿州鲑鱼渔场案例

罗伯特·希格斯（Robert Higgs，2003）在《华盛顿州鲑鱼渔场的合法劝诱技术退步》① 一文中，通过分析华盛顿州鲑鱼渔场法律演变的大量史料，分析了对鲑鱼捕捞进行管制的原因和后果，认为渔场不同利益集团之间的力量博弈对技术产生重要影响，数量众多的采用较低水平捕捞技术的渔民可以限制高水平捕捞技术的使用，最终导致技术的退步。在文中，希格斯详细地描述了不同利益集团之间的博弈过程，侧重分析了规则对技术的限制作用。但是，本书提出的制度分析框架认为制度不仅仅是博弈的结果，也是财产、技术和利益集团博弈三方面共同作用的结果，并且不断扩大的公共领域会促使新制度的不断形成，对财产权利和技术都具有规范作用。下面我们按照本书提出的分析框架，利用希格斯在文中阐述的关于华盛顿州鲑鱼渔场的相关史料，对鲑鱼渔场产权制度进行深入分析，试图揭示制度的形成过程及其作用。

3.4.2.1　鲑鱼介绍——财产属性

鲑鱼，也称"三文鱼"，是生长在美国、加拿大等高纬度地区的冷水鱼类，具有较高的营养价值。鲑鱼属于洄游性鱼类，它们早期在江河

47

---

① ［美］道格拉斯·C. 诺思、张五常等著：《制度变革的经验研究》，罗仲伟译，经济科学出版社 2003 年版，第 296～338 页。

的河床上产卵，幼鱼在淡水中生活 2～3 年后便迁徙到海洋中，在海洋中生长成熟以后，不同类别的鲑鱼在大约 2～6 岁的年龄，洄游到它们的出生地。对于美国附近海域的鲑鱼来说，它们洄游迁徙的路径要经过漫长而狭窄的通道，在狭窄的通道拦截捕获成熟的鲑鱼成本较低，并且捕获量大，对捕鱼者具有较强的吸引力。并且在地理条件的约束下，游回淡水产卵的鲑鱼和游出淡水进入深海的幼鱼之间具有一定数量关系。如果中途拦截捕捞太少，游回产卵的鲑鱼太多，有限的地理条件无法提供足够的产卵空间和营养物质，这就增加了捕捞行为的机会成本；如果中途拦截捕捞太多，游回产卵的鲑鱼太少，又会造成以后捕捞数量的减少。因此捕捞鲑鱼具有一个最优数量，但是由于存在较多的随机因素，这个最优数量很难准确界定。

3.4.2.2 土著渔场规则——初始产权

在 19 世纪 50 年代之前的华盛顿州西部，印第安人已经掌握了关于鲑鱼习性和捕捞等多方面知识，可以熟练运用多种捕捞、保存和运输技术，发展起了比较繁荣的鲑鱼渔业及文化，建立起较为成熟的产权分配制度。

印第安人已经掌握了多种捕捞、保存和运输技术。他们会使用鱼栅、鱼叉、围网等多种捕捞工具，而且意识到放走一定数量鲑鱼洄游产卵以保证来年有足够的鱼量供应的重要性。

渔场中的不同部落构成了主要的利益集团，界定了较为清晰的产权归属。希格斯在文中引述法官乔治·博尔特的描述：

"一般说来，印第安人个人在他们归属的地盘内拥有基本的使用权，在出生的地盘内（如果与归属地不相同）或者在他们有同源家族的地盘内拥有许可的使用权。遇到这样的个人要求时，大多数集团宣称特定水域的秋季捕鱼使用权归靠近的冬季村庄……"①

并且他们根据捕鱼工具的不同性质，界定其控制权和使用权的归属，在一些情况下，儿子还可以从父亲那里继承捕鱼权。这种渔场权利安排，使得利益集团之间以及与技术和鲑鱼数量之间达成一种较为稳定的均衡状态。

---

① ［美］道格拉斯·C. 诺思、张五常等著：《制度变革的经验研究》，罗仲伟译，经济科学出版社 2003 年版，第 301 页。

3.4.2.3 哥伦比亚渔场产权规则的形成——产权制度变迁

19 世纪 50 年代，白人进入华盛顿州西部开发渔场，逐渐摧毁了印第安人的文化、生活和已建立起的维持了几个世纪的产权规则。这是一种在种族歧视背景下极端的力量博弈。

（1）技术进步导致鲑鱼价值增加和公共领域形成。

在 19 世纪 60 年代，由于罐头食品制造技术的改进，促进了罐头食品行业的快速发展，这就极大地增加了鲑鱼的价值和需求量。由于印第安人建立的产权规则已被摧毁，而白人的产权规则还不完善，这样就极大地增加了公共领域中的利益，吸引了更多的捕鱼者进入。希格斯在文中的文献史料介绍，在哥伦比亚河上，1876 年每条刺网渔船鲑鱼的平均捕捞量为 3850 条，而 1887 年已经下跌到 600 条，这足以看出捕鱼竞争者的大量增加导致单位产量下降。并且鲑鱼需求量的增加还促进了如鱼栅、渔轮等更先进捕捞工具的大规模使用。

（2）利益集团博弈。

公共领域中逐渐增加的利益激起了利益集团之间的争夺，通过暴力冲突、罢工或是政治程序等多种方式展开博弈。按照不同的捕捞工具进行划分，捕捞鲑鱼的利益集团主要包括刺网捕鱼者、鱼栅渔民、渔轮捕鱼者和罐头食品厂等集团。他们分析利用自身获取的捕捞信息，利益集团的游说信息，以及一些其他公开信息（如华盛顿州渔业委员会的渔业《报告》），进行决策争取利益。

刺网捕鱼在当时不是最先进的捕鱼方式，在引入汽油发动机之前，还需要水手来操纵桨和帆，而且工作环境艰苦危险，但是由于刺网捕鱼的成本相对较低，再加上需要较多的人力，因此刺网捕鱼者人数众多，就构成了一个较为强大的利益群体，在利益集团博弈中扮演着核心角色。特别是在 20 世纪初期引入汽油发动机后，捕鱼机动性的增加提高了生产力，进一步增强了刺网捕鱼者的力量。刺网捕鱼者与鱼栅渔民展开枪战抢夺鲑鱼资源，甚至试图从鱼栅中偷鱼。[①] 刺网捕鱼者还举行罢工，压迫罐头食品厂提高鲑鱼收购价格。而且刺网捕鱼者在河段下游拦截捕捞了大量鲑鱼，直接减少了上游渔轮的捕捞量，由此引发了渔轮公

---

① 鱼栅是一种固定捕鱼工具。

司和渔民之间多年的争夺战。

利益集团之间的直接争夺逐渐上升为政治过程中的利益博弈，19世纪70年代开始，州议会开始对商业性捕鱼的季节和工具进行管制（Wendier，1966）。但是颁布的法律和实施的管制明显地是对数量较少、使用固定捕捞工具的渔民进行限制。如1893年华盛顿州议会通过的"鲑鱼捕捞管制与许可"法案，限制了固定捕捞工具的尺寸，并且实行许可证管制，而对刺网捕鱼者等使用移动捕捞工具的渔民，没有任何限制。这个带有明显歧视性的法案，在1897年被"鲑鱼捕捞管制"法案代替，新法案保留了对固定捕鱼者的限制，同时也增加了对刺网捕鱼者实行许可证管制的内容。随后通过的一些法案，如华盛顿州于1899年和1915年分别修订的《议会法律》也都维持了对固定捕捞工具和鱼轮的歧视性限制，如给鱼栅和鱼轮捕捞强加歧视性税收，严格许可证管制，免除刺网捕鱼者捕捞税等。虽然希格斯在文中没有具体阐述这些歧视性法案产生的复杂博弈过程，但是我们有理由相信，数量众多的刺网捕鱼者在提案投票表决的过程中起着决定性的作用，这些法案的内容就是利益集团之间的博弈结果。

1926年俄勒冈州的刺网捕鱼者与鱼轮使用者进行了一场重要的政治斗争。刺网捕鱼者要求取缔俄勒冈州水域的全部鱼轮、海滩围网和鱼栅。赞同这一提案的包括俄勒冈州农业保护协会、劳动同盟、渔业委员会和大多数消遣性捕鱼者团体。反对这一提案包括受到威胁的捕鱼工具所有者、雇员、商业利益相关者和一些罐头食品厂等。投票表决后，具有先进生产力的鱼轮被取缔。希格斯认为这是一种"牺牲生产力而有利于'公平'的政治过程"。[①] 这里所谓的"公平"只是指投票程序，政治过程体现的是利益集团之间在政治程序上的博弈，最终取缔了鱼轮所有者的捕捞权利，形成了新的产权结构。然而新的制度并没有对俄勒冈州的鲑鱼捕捞量产生多大影响，但是却限制了高生产力工具的使用。

3.4.2.4　结论

采用本书提出的产权制度分析框架，通过对华盛顿州鲑鱼渔场产权规则的形成过程进行分析，我们可以描绘出渔场产权规则的变迁轨迹，

---

① ［美］道格拉斯·C. 诺思、张五常等著，载于《制度变革的经验研究》，罗仲伟译，经济科学出版社2003年版，第313页。

如图 3 - 5 所示。

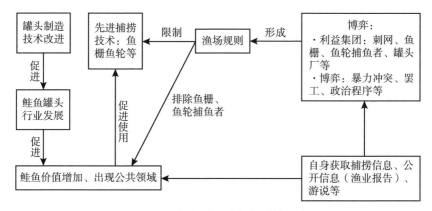

图 3 - 5 哥伦比亚渔场规则的形成

在 19 世纪 50 年代之前的华盛顿州西部渔场，印第安人建立了以部落为基础的土著渔场规则。随后，大量白人进入该地区以后破坏了原有的产权规则，同时也带来了先进的生产技术。特别是由于罐头制造技术的改进，促进了鲑鱼罐头食品行业的发展，极大地增加了鲑鱼价值。由于新产权规则还不完善，增加的利益被置于公共领域中，吸引了更多的捕鱼者来争夺鲑鱼资源，同时极大地促进了先进捕捞技术的使用和推广。众多的捕鱼者根据捕鱼工具的不同，分为不同的利益集团。他们通过分析自身的捕捞信息，以及通过渔业报告和游说等活动获得的公开信息，来界定自身及相互之间的利益得失，以此为基础做出决策，通过暴力冲突、罢工和提案表决等政治程序进行博弈，当各方力量博弈达到均衡时，新的渔场规则产生。由于刺网捕鱼者人数众多，所以在投票表决中屡占上风，形成的产权规则主要是对鱼轮等先进捕捞工具的限制使用，从而排除这部分捕鱼者。

3.5 本 章 小 结

本章构建了一个包含财产、技术和利益集团博弈的产权制度分析框架。

产权界定包含财产、技术与利益集团博弈三个层面。财产是产权的基础，具有有用性和稀缺性等特点。技术分为财产开发利用技术和产权界定技术，财产开发利用技术可以促进财富增加和经济增长，产权界定技术可以根据财产属性界定产权价值，向利益集团提供产权信息。财产权利的属性影响着两种技术的选择。各利益集团出于自身利益最大化，分析利用获得的相关产权信息，按照成本收益原则和排队原则展开博弈，攫取处于公共领域中利益，界定财产权利归属。当利益集团博弈达到均衡时，新的制度形成。由于财产权利是不断变化的，而制度具有一定的稳定性，并且博弈和制度本身会产生较高的成本，因此一部分利益无法完整界定，公共领域无法完全消除。

由于存在交易成本，产权无法完整界定。产权不完备分为两种情况，一种是权利得到明确划分和界定，但是权利出现了交叉或重叠，即产权公域；另一种是权利没有明确划分和界定，出现权利模糊区域，即公共领域。公共领域具有相对性，既会降低资源配置效率，又可以促进新产权形式出现。对公共领域利益的攫取构成了利益集团博弈的源动力，也成为制度变迁的动力。

在公共领域中利益的驱动下，利益集团不断博弈形成新的制度，重新界定财产权利归属，并规范技术标准。由于交易成本的存在，公共领域无法完全消除，随着技术的不断进步，新的技术不断得到开发应用产生新的财产利益，引发利益集团进一步的博弈，形成阶段性的制度均衡，因此制度的变迁是一个不断循环演进的过程。最后通过对美国科姆斯托克矿脉和华盛顿鲑鱼渔场的产权规则变迁的经验分析，支持了本章提出的产权制度分析框架。

第4章 会计技术、会计规则及其变迁规律

会计信息已经成为现代社会的一种重要信息，是界定财产权利的重要依据。会计信息的生成既有制度的规范，又是各种计量技术共同作用的结果。因此，要全面理解会计的内涵，应该认识会计的两种属性：制度性与技术性。会计具有完整的理论与核算程序，每个环节都不同程度地体现着会计的制度性和技术性。正如黄少安（2007）指出："制度和技术是两个相对较大的谱系，其间存在着各种层级的制度类型和技术类型，笼统地说谁决定谁是不科学的。……在某些层级上，制度可能是起决定性作用的，而在另一些层级上技术可能是起决定性作用的。"祖建新（2009）认为会计准则具有技术性和社会性两种基本属性，技术性体现在标准化生成会计信息方面，社会性体现在会计准则涉及诸多利益相关者，并向他们提供会计信息等方面。社会性功能也就是会计规则规范会计行为、界定利益相关者关系的制度性功能。本部分试图采用第3章提出的产权制度分析框架，着重分析会计技术作为产权界定技术的功能作用，以及会计规则的形成过程。

4.1 会计规则的技术属性：产权界定技术

会计作为一种计量财产权利的重要技术，为衡量生产率和报酬水平提供计量的基础。里亚希－贝克奥伊（Riahi－Belkaoui，2004）认为，会计是一门信息和计量的学科。美国会计学会（AAA）[1] 在 1966 年出

---

[1] 美国会计学会（American Accounting Association），简称 AAA。

版的《基本会计理论说明》中指出："会计就是要计量和传递一个经济主体活动中的数量方面。"利特尔顿（Littleton, 1953）在《会计理论结构》中提道："统计的首要职能就是对大量数据进行分类、浓缩和简化，以更好地理解它们的重要性。"阿尔钦和德姆塞茨（Alchian and Demsetz, 1972）指出，"在经济组织问题上有两个至关重要的需求——计量投入的生产率以及对报酬的计量。"[①] 因为只有当支付的报酬与生产率相匹配，才可以激励劳动者努力生产。井尻雄士（Iriji, 1979）指出计量是会计的核心。因此，我们认为会计是一种关于计量的技术，并且这项技术是在系统的理论和规则指导下来计量经济业务的技术，有特定的计量工具、方法以及程序等。会计可以界定财产权利价值，披露会计信息供信息使用者使用，如图 4-1 所示。

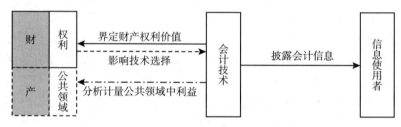

图 4-1　会计技术的作用

不同时期的会计具有不同的技术特点。在会计出现初期以及随后相当长的时间内，会计技术主要被用来计量自身拥有的财产物资，产生的会计信息也主要是自己使用，因此早期的会计技术因人而异，没有统一的标准，表现为会计惯例等多种形式。随着人们认知能力和科学技术的进步、观念和偏好的改变，财产权利的种类和价值逐渐增加，特别是人类的社会活动和经济交流的丰富多样，使得财产权利利益相关者的范围增大，这需要以统一的标准来规范会计技术生成披露会计信息，这样，会计技术又具有制度性。作为一种产权界定技术，会计技术可以界定财产权利的范围和价值，披露会计信息，并且财产权利的变化也会影响会计技术的发展。

---

① 原载《美国经济评论》1972 年 6 月号，刊登于《财产权利与制度变迁》2004 年，上海三联书店·上海人民出版社。

4.1.1　会计技术对财产权利的界定

产权界定包括两个维度，横向和纵向的界定。横向的产权界定就是界定财产权利在人们之间的分配，也就是人与人之间的关系。纵向的产权界定是在财产权利归属划分好以后，每个产权主体拥有的财产权利的结构、数量以及价值等内容。作为一种产权界定技术，会计界定产权就体现了这两个维度。

4.1.1.1　早期的会计技术与财产权利

早期的物资相对匮乏，财产与权利一般不会分离，权利形式相对清晰简单，所以早期的会计以单式记账方式为主。在原始社会，生产生活中逐渐出现了劳动剩余，开始出现计量的思想。郭道扬（2009）通过对早期人类会计思想和行为的分析，认为人类会计思想的"第一历史起点"形成在旧石器时代（距今约259万年至距今约1万年）的中晚期，那时筹划与分配思想所引发的计量记录行为直接服务于主事人对部落生活的管理。我国原始社会末期，"人们逐渐形成数量观念，并尝试着以实物、绘画、结绳、刻契等方式来表现经济活动及其所反映的数量关系"（李耀宗，2008）。

进入奴隶社会后，我国逐渐形成了专门的会计职位、方法和制度。在西周，正式出现了"会计"一词，清代焦循在《孟子正义》中记载，"零星算之为计，总合算之为会"，体现了日常计量和定期计量的思想。西周还出现了正式的官厅会计，采用"三柱结算法"等方法计量财务收支活动，并且出现了叙事式会计报告，如"日成""月要"和"岁会"等。

4.1.1.2　制度化的会计技术对财产权利的界定与分配

随着商业贸易范围的扩大，生产力的提高，财产权利形式更加复杂，会计信息显得越发重要，信息使用者要求采用相对统一的会计技术计量产权，以便更好地界定自身与其他利益集团之间的关系。因此，在公认会计原则形成以后，会计技术在更大范围内具有了相对统一的假设、程序、方法以及计量原则等，会计的技术性也就体现为制度性。

（1）会计基本假设——界定财产权利的范围。

会计的基本假设是会计计量的前提，规定了会计计量的时间和空间，描述了不同时期会计对应的政治、经济和法律环境，主要包括四个基本假设：会计主体、持续经营、会计分期、货币计量假设。会计作为一种计量技术要始终满足这四项基本假设。

①会计主体假设——界定产权空间范围。

会计不是要计量所有的经济业务，而是要反映一定空间范围内的经济业务，这个空间范围就是会计主体。一般来讲，一个组织或是组织的一个分支机构都可以成为会计主体。会计计量的前提是首先对会计业务进行确认，这就需要在一定的会计主体范围之内来确认、计量和报告相关的经济业务。

会计主体与产权主体之间既有联系也有区别。会计主体要反映一个组织（如企业）的经济业务，这个组织可以是一个产权主体，也可以是产权主体的一部分（如分支机构）。产权主体可以分为企业初始产权主体和企业法人产权主体。企业拥有资产的经营权，是企业法人产权主体；股东和债权人拥有投入资产的所有权，也是产权主体，为了避免混淆可以称其为原始产权主体。企业法人产权主体，应定期向原始产权主体报告资产状况和经营绩效。企业法人产权主体本身就是会计主体，原始产权主体如果是法人则也是会计主体；而会计主体不仅包括企业产权主体，还包括企业的分支机构，各分支机构的会计信息可以通过一定方式汇总后就是整个企业的会计信息。因此，根据会计主体可以界定产权主体范围。产权主体要想掌握了解自身权利的类型、数量以及价值等信息，需要会计通过确认、计量和报告等程序生产提供会计信息。

②持续经营和会计分期假设——界定产权时间范围。

持续经营假设和会计分期假设规定了会计计量的时间范围。佩顿和利特尔顿（Paton and Littleton，2004）认为："经营活动突然中止的可能性不能为会计提供基础。"[①] 会计期间的划分既保证了会计核算过程的连续性，又保证了信息使用者对阶段性信息的需求，也给会计计量程序提出了更高的要求。在没有确凿证据表明企业会被清算的情况下，会计的计量也要持续不断地进行下去。这主要包括两方面含义：一方面，

---

① ［美］艾哈迈德·里亚希·贝克奥伊：《会计理论（中文版）》，钱逢胜等译，上海财经大学出版社2004年版，第163页。

持续经营假设要求会计计量具有连续性，也就是采用一致的会计核算程序连续不断地对财产权利进行确认、计量和报告，以保证全面系统地反映所有财产权利变化。另一方面，持续经营假设还隐含着要求会计计量具有稳定性，即会计核算的计量属性、原则方法一般保持不变，不同时期的会计信息具有可比性。会计计量的连续稳定就保证了会计信息的连续稳定，使得会计信息可以用来预测未来生产经营状况，给经营者提供决策有用的信息。

在不同的经济环境中，持续经营也有不同的要求。在传统实体经济中，持续经营往往意味着不断地进行采购、投产并进行销售等一系列生产工艺程序，这些客观存在的生产工艺和程序也就保证了会计信息具有较强的连续性和稳定性，这就降低了会计信息未来的不确定性。因此，在实体经济中持续经营假设侧重要求连续的会计核算。但是以信用为基础的金融行业迅速发展，给会计计量和会计信息都提供了较大的挑战。具有较高风险的金融资产使得历史成本计量属性不再广泛适用，逐渐引入了公允价值计量属性，但是较高的风险使得如何确定公允价值成为难题，随即出现了不同的定价理论和方法，再加上金融资产本身具有的信息不对称，容易导致会计信息的模糊，具有较大的不确定性。因此，在虚拟经济中，在保证连续核算的前提下，稳定性显得尤为重要。

③货币计量假设——界定价值属性。

货币计量假设是指会计规则应采用统一的货币单位作为基本的计量尺度，以财产权利为基础，参考相应的辅助信息来计量和报告企业生产经营活动。这就意味着凡是不能货币化的经济交易或事项就无法进入会计核算程序，会计信息也就无法反映许多对企业有重要社会经济价值的资源。比如现代经济中人力资源拥有更重要的作用和更大的价值，但是会计计量只能包含工资奖金等货币化收入，而不包含诸如学识水平、专业能力以及社会资源其他非货币性价值，因此会计规则也就无法完整界定人力资源的价值。

（2）会计要素——体现财产权利的分类。

会计要素也称会计元素，是对会计计量的对象所做的分类，将具有相同性质的会计对象归为一个类别，便于会计确认、计量、记录和报告。FASB 在 1976 年公布的《财务会计与报告概念结构：财务报表的要素及其计量》中指出："财务报表要素是关于企业的经济资源，其转移资源的义务以及这些资源的投入、产出或变动的数量表现。"不同的会计准则对会计要素进行了不同的分类，会计只能计量符合会计要素定义的会计对象。不同的会计准则制定机构对会计对象进行不同的划分，FASB 在 1985 年公布的《财务会计概念公告第 6 号》（SFAC NO. 6）将会计要素划分为：资产、负债、权益或净资产、业主投资、派给业主款、收入、费用、利得、损失、全面收益。IASB 发布的《编报财务报表的框架》将会计要素划分为：资产、负债、权益、收益和费用。我国在 2006 年发布的《企业会计准则》中将会计要素划分为：资产、负债、所有者权益、收入、费用和利润。在这些不同的分类中，基本的会计要素是一致的，而在具体要素的细分上存在差别。会计要素的分类体现了财产权利的不同属性特点，下文以我国会计要素分类为基础，分析会计要素与企业财产权利之间的关系。

①静态会计要素反映财产权利状况。

资产、负债和所有者权益之间具有天然的联系。财产是企业法人产权和原始产权的基础，由股东和债权人投入，并且据此进行权利分配。因此这种投资本身就具有财产和权利两方面属性。在会计中，资产要素负责计量财产。负债和所有者权益两个要素用来计量债权人和股东在企业拥有的权利，即原始产权。这样在任何一个时点上，可以从财产和权利两个角度衡量企业拥有的经济资源，将其界定在资产、负债和所有者权益三个静态会计要素中，它们的关系为：

$$资产 = 负债 + 所有者权益$$

这种数量关系是始终成立的，因为权利要以财产为基础，两者不能分割。

②动态会计要素反映财产权利变化。

收入和费用就是权利交换的不同形式，利润是权利交换的结果，为了获得收入必须付出费用。企业购买生产资料投产并销售，完成了一个完整的生产经营周期，权利的结构和价值也发生较大改变。在这个周期中，权利的变化、利益的增减分别计量在收入和费用要素中，相应的财产变化计量在资产要素里，在每个会计期间的期末，将收入和费用统一转入利润，计量本期剩余。三个要素分工明确，在任一个会计期间中，收入反映权利增加，费用反映权利减少，利润反映权利的剩余，三者之间的关系是：

$$收入 - 费用 = 利润$$

这是企业权利变化的动态公式。在企业内部，根据权利结构安排的需要，费用可以划分为期间费用和生产成本。两种成本类型的划分有利于界定企业内部的权利结构，针对不同的产品归集各自不同的成本，并将成本与其获得收入相抵获得利润，可以比较不同产品的业绩高低，也就是可以比较不同权利配置方式的效果。

（3）会计科目与会计账簿——反映财产权利结构。

①会计科目——最基本的财产权利项目。

会计科目是对会计要素更详细具体的划分，可以更科学系统地反映企业内部权利结构。资产类科目主要界定企业法人拥有的财产权利，体现了不同的财产权利配置方式，反映了不同的经营策略和特点，比如资本密集型企业的固定资产一般具有较高的价值，劳动密集型企业的固定资产单位价值一般较低、数量较多，大量采用赊销策略的企业拥有较多的应收账款等。负债类科目界定了初始产权，体现了不同债权人的权利结构。所有者权益类科目体现了所有者的初始产权结构，既有原始投入的资本（如实收资本），也有经营产生的剩余（如未分配利润和盈余公积等）。损益类科目界定了企业一个经营期间内的权利变化，包括各种收入、费用以及营业外活动导致的权利变化，如营业外收入、营业外支出等。

②会计账簿——最基本的计量工具。

会计科目规定了会计最小的计量空间，账户结构（借贷两方）是进行金额增减计算的基本工具，两者结合起来就构成了会计账簿。这样会计科目就从理论意义上的计量空间，转化为可以计量不同交易或事项的计量工具，就可以针对某一类相同的权利的价值进行增减计算。会计账簿记录了财产权利的形式、数量、产生的时间、初始价值及其增减变化，以及其他辅助信息（如供应商）等内容，但是账簿主要记录的是能够货币化的价值信息。随着电子信息技术的发展，各种财务软件的出现，会计账簿也出现了电子账簿的形式，其基本功能和反映的内容没有变化。

（4）权责发生制与收付实现制——权利变化确认基础。

①两者界定企业权利的特点。

会计基础就是会计确认收入和费用的基本原则。会计期间的划分给会计核算程序和方法带来了重大影响，会计期间和生产经营周期很可能不完全一致，这样对收入和费用的认定就有两种不同方法。会计期间的划分很可能使得收入和费用都有两个期间：应归属期间和实际收支期间。① 以应归属期间确认权利变化就是权责发生制，以实际收支期间确认权利变化就是收付实现制，目前的会计规则主要以权责发生制为基础。

权责发生制能更完整地反映一个会计期间内权利应该发生的增减变化，便于考察每个会计期间会计主体的权利状况。但是如果权责发生制在界定企业权利时不要求必须有现金流作为财产基础，这样就增加了权利实现的风险，而收付实现制是以现金的收付为基础确认收入和费用，因此可以更好地保障利益的实现。一个完整的产权变化应该包含权利的变化情况及其利益实现情况两个部分，因此权责发生制与收付实现制分别是从权利变化的不同角度来确认企业权利变化，两者具有互补性。一旦权利变化后利益无法实现，则需要依靠商业信用甚至独立的司法体系来保障权利的实现。

②权责发生制更适于界定企业权利。

权责发生制根据应归属期间确认收入或费用更适用于界定企业权利。第一，符合经济契约中所界定的权利变化时点与内容。经济契约本身就界定了某个领域企业各项权利的内容与边界。企业产生的收入或费用代表企业权利利益的变化，比如主营业务收入代表企业股东主营业务的利益来源，政府补贴收入代表企业获得政府资助的权利利益。权责发生制根据应归属期间来确认收入或费用，本质上就是界定企业权利安排变化与权利利益变化。而收付实现制侧重反映企业利益实现，无法追溯企业权利的变化路径，因此也就无法深入分析企业权利变化的原因及面临的风险程度。比如企业收到一笔款项，根据收付实现制在收到当期确认为收入，无法判断是几年前的坏账收回，还是当期的正常营业收入，因此无法深入分析企业经营状况。第二，以权责发生制为基础界定企业权利，便于与其他产权制度相衔接。界定企业权利是多种产权制度作用的结果，包括生产业务管理制度、人力资源管理制度、会计制度等。以权责发生制为基础生成的会计信息，反映了企业权利变化的实际现实状况，以及权利利益的实现程度，与其他的产权制度具有相同的权利界定

---

① 应归属期间，即应该获得收入或应该支付费用的期间，指应该获得或放弃权利的期间；实际收支期间，即实际获得收入或实际支付费用的期间，是实际获得或放弃权利的期间。

时点，在决策时可以统筹考虑各种信息做出合理选择。第三，权责发生制结合其他会计计量技术，可以确认并计量企业权利变化的内容与利益大小。比如通过会计分录，可以具体界定企业收入或费用变化的具体项目与价值金额，可以反映价值变动的增减方向；通过收入确认具体原则，可以界定收入确认的具体时点，并区分收入类别等。这样可以反映企业当期应有的权利安排及其具体价值。第四，权责发生制按照应归属期间确认企业权利，无法反映企业权利能否具体实现。比如根据经济合同确认企业收入一百万，在当期未实际收到的情况下，确认为应收账款。如果这一百万的收入始终无法变现，则企业权利受损，因此还需要参考企业的现金流量状况，来判断企业权利的保障程度。因此权责发生制更适用于界定企业权利，并不意味着否定收付实现制的作用，两者相辅相成，以权责发生制为基础，辅以收付实现制提供的会计信息，共同界定企业收入或费用的变化状况。

（5）会计计量的基本程序。

会计计量的基本程序是在会计理论的指导下，会计主体确认、计量财产权利变化的内容和数量，并报告变化后的权利状况的完整过程。

①会计确认——界定财产权利变化的开端。

会计确认是整个会计计量程序的开端，对会计主体权利界定具有重要意义，正确确认权利变化是正确计量的保证。

第一，产权凭证是会计确认的重要依据。

在会计主体之间，有反映所有权转让的凭证（如发票），反映使用权有条件转让的凭证（如借款合同）等；在一个会计主体内，有反映权利结构发生变化的凭证（如领料单等自制原始凭证）。这些凭证都是会计主体对权利重新配置的产权证明，是会计确认的重要依据。但它不是唯一依据，确认权利变化有一系列严格的确认条件和标准。在判断权利是否变化时，会计人员应把握实质而不是形式，实质就是判断以财产为基础的权利是否发生了变化，而权利中既包括利益也包括风险。比如融资租入固定资产，从形式上看是租赁行为，但是实质上是一种融资行为，一方面需要确认企业的资产增加，另一方面也形成了对租赁公司的负债，这样就改变了原有的权利结构。

第二，会计估计和会计判断。

在没有原始凭证，但是已经有迹象表明财产权利发生实质变化的时候，需要做出主观的会计估计和判断。主要是会计人员根据相关信息对财产的属性、权能的发挥、利益实现的形式及其风险等内容，进行科学分析后，做出会计估计和判断。

②会计计量——界定财产权利数量和价值。

会计计量是指会计要素在确认以后，具体的量化过程，主要包括计量属性、计量尺度等内容。前文中我们已经分析了计量属性与财产权利之间的关系，除此之外，计量过程还体现为一系列计量方法的连续运用。

会计计量的序列尺度，要求以经济业务的产生时间为顺序，在复式记账等原则指导下按照会计程序和方法进行确认和计量。这样就保证了会计计量的系统性和全面性，可以提供完整的关于产权变化的会计数据。会计计量的单位尺度，是指计量时的货币形式，包括名义货币单位和一般购买力货币单位两种形式。一般来说，应采用名义货币单位计量。所以会计信息是表现为名义货币的形式，在比较不同会计期间的会计信息时，应注意其购买力上的差异。

会计计量的主要思想和方法就是复式记账原则。复式记账原则是产权思想的具体体现，其本质是要求从财产和权利两个角度对会计对象进行计量。其他计量方法也应在复式记账原则的指导下使用。在复式记账原则的指导下，企业应根据自身财产权利的特点来设置账簿，开设的所有会计账簿综合起来就可以反映一定会计期间内会计主体权利变化的过程和结果。还可以对不同的产品进行成本计算，以考察资源配置的效果。财产清查一定程度上可以保证财产权利计量的准确性。另外，还包括设置账户、填制审核凭证、成本计算等计量方法。

（6）会计信息的公开披露。

在利益集团要求采用统一的会计技术计量产权以后，特别是公认会计原则产生以后，会计信息的对外披露具有了统一的格式和内容。一般要求在资产负债表日将会计计量结果中的货币计量结果，以财务会计报告的形式对外披露，通常包括资产负债表、利润表、现金流量表、附注等内容。

①会计信息披露的形式。

资产负债表反映了在资产负债表日会计主体拥有的法人产权，[①] 以

---

① 或者是部分法人产权，比如一个企业分支机构的会计报表就反映了部分法人产权。

及初始产权及其权利变化的结果。利润表反映了企业产权价值的增减变化的数量和结构。在利润表中既包含了日常营业活动产生的收入和费用导致的权利变化，也包含投资活动和营业外其他活动导致的权利变化，以及政府参与分配导致的权利变化。现金流量表可以分别反映经营活动、投资活动以及筹资活动的现金流量，反映企业权利变化对应的现金财产实现情况。这样就可以更加完整地体现企业权利及其结构。附注是对会计报表中列示项目的文字描述或是详细补充材料，是企业自主选择与执行会计规则的具体体现，并且还可以包括一些重要的在会计报表中无法列示的信息。这些信息对理解会计信息界定企业权利具有重要作用。但是附注不是强制性披露所有内容，会计主体可以一定程度上选择性地披露相关内容，这就使得权利的界定会受到会计主体意志的影响。

②会计信息的质量要求。

会计信息的质量要求，是会计规则规范会计行为的具体体现，也是企业权利特点重要体现，一般包括可靠性、相关性、清晰性、可比性、实质重于形式、重要性、谨慎性和及时性八项特征。

可靠性原则要求会计规则主要是以实际发生的经济交易或事项为依据来界定企业权利。相关性原则要求会计规则体现各利益主体的信息需求，应当反映他们需要了解的企业财务状况、经营成果，帮助他们对不同时期企业权利变化进行评价或预测。清晰性原则要求会计信息应便于使用者了解过去的权利变化，并对未来的变化做出准确地预测。可比性原则在同一时期界定了会计主体之间的关系，并且使得不同时期同一会计主体的会计信息具有连续性，更好地反映企业权利变化的情况。及时性原则要求对已发生的权利变化及时的确认、计量和报告。实质重于形式原则要求会计规则应以权利变化的实质为基础，而不仅仅关注形式。权利包含权能与利益，发挥权能可以实现利益，并且利益的实现具有风险。因此权利变化的实质是利益或其风险是否发生变化。重要性原则要求着重反映财产权利重大变化，并且对这种重大变化应做出详尽细致的揭示，对于次要的权利变化，只需进行一般的核算甚至是简化处理。这既是会计规则应符合成本收益原则的要求，也突出地反映了权利变化的实质。谨慎性原则要求企业客观判断权利变化，合理估计损失和费用，这就要求会计人员在统一的会计规则的基础上，重点关注财产与权能的变化，充分了解关于权利变化的相关信息，做出合理的估计判断。

会计信息既是企业权利的界定结果的数量表现，也可以帮助信息使用者形成合理的预期，具有重要的功能，会计信息质量要求就保证了这种功能的实现。

因此，会计作为一种产权界定技术，可以界定财产权利的范围和价值，向有关的信息使用者披露会计信息，同时财产权利的属性会决定会计技术的选择，影响其进步。当信息使用者要求采用统一的会计技术，以便更准确地计量财产权利界定相互之间的关系时，会计技术被制度化，形成了相对统一的假设条件，严格的计量程序和特定的计量方法，以此来界定财产权利。

4.1.2　财产权利对会计技术的影响

4.1.2.1　财产权利属性决定会计计量属性的选择

会计技术作为产权界定的重要手段，其目标是能够准确地计量产权，这样财产权利属性就决定了会计计量属性。计量属性是计量时采用的计量客体某方面的特性，比如对某种资产可以从型号、产量、产地、购买价格、现时价值等多个方面进行计量。会计计量属性是指会计要素能够进行货币化计量的特性，比如资产的购买价格、现时价值等货币化特性。井尻雄士（Yuji Ijiri，2005）认为，会计计量是会计工作的基础、前提，而计量属性的选择又是会计计量的核心，单位选择什么样的计量属性，就决定了单位的核算具有什么样的经济后果。[1] 因此会计计量属性的选择是能否准确计量的关键，同时，这也指出了会计信息的两个层次：一方面会计信息本身就是财产权利的量化反映，是按照会计假设、程序和方法等理论框架下对企业权利进行界定的结果的数量表现；另一方面会计信息又为信息需求者提供参考来进行预测或决策，具有重要的经济后果。因此，计量属性的选择不仅影响会计信息的质量，而且会影响信息使用者的决策，这更进一步凸显了会计计量属性选择的重

---

[1]　冉明东、蔡传里、许家林：《井尻雄士的〈会计计量理论〉》，载于《财会月刊》2005 年第 11 期。

要性。

1984 年 FASB 在第五号概念公告中规定了五种计量属性：历史成本/历史收入，现行成本，现行市价，可实现净值，未来现金流量的现值。我国《企业会计准则》规定的会计计量属性主要包括：历史成本、重置成本、可变现净值、现值、公允价值。这些不同的属性划分只是类别上的不同，没有本质上的区别。而且应根据财产权利属性特点选择会计计量属性。比如固定资产由于具有实物形态、特定的技术水平和生产工艺，因此价值的消耗具有一定的规律，利益的实现也呈现出相对稳定的状态，因此采用历史成本计量可以较好地反映其真正价值，并且采用历史成本计量的成本相对较低。如果构建固定资产的某一种技术或材料工艺发生重要革新，使得固定资产的成本大幅下降，固定资产的权利发生重大变化，历史成本无法反映其真实价值，就应采用重置成本来计量其价值。对于金融资产来说，财产基础和权利分离，权利的流动性较强，其价值主要通过在未来产生的利益体现，如果存在有序交易市场则可以采用公允价值确定价值，如果没有有序交易市场则须采用现值界定金融资产价值。

4.1.2.2　财产权利影响会计技术的发展

利益相关者要了解财产权利价值和属性等方面的变化，就会要求利用或开发新的会计技术界定其价值。因此财产权利会影响会计技术的发展。火车、航海等技术的进步促进了商贸的发展交易范围的扩大，财产权利的复杂多样让人们意识到任何交易都是双向的，开始关注财产权利对相互之间的影响。并且权利的种类也变得多样，所有权、占有权、使用权和受益权等权利相互之间，以及与财产之间逐渐分离。这就促使了复式记账方法的产生，在计量财产数量价值的同时，也计量对应的权利形式和价值。金融资产出现以后，进一步加速了权利与财产的分离，增加了风险评价和价值评估的难度，催生了公允价值会计的出现。由此可见，会计技术就是一种界定财产权利的产权界定技术，其发展必定会受到财产权利的影响。

综上所述，现代会计是在一系列假设条件下，按照严格的计量程序和特定的计量方法，界定财产权利变化、反映财产权利状况的产权界定技术。

4.2 会计规则的制度属性：产权制度

会计规则是不同利益集团博弈的结果，具有界定财产权利和产权主体之间关系的功能，具体表现在对会计技术的选择和使用标准的规范。因此财产权利、会计规则、会计技术之间具有一定的逻辑关系（如图4－2所示）。会计规则的调整会引起利益集团之间权利的重新分配，具有重要的经济后果。

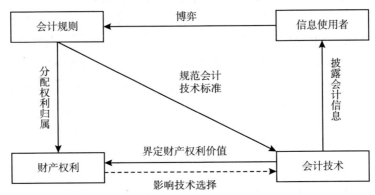

图4－2 会计规则、会计技术与财产权利的关系

4.2.1 会计规则是利益集团博弈的结果

会计规则作为一种产权制度，是利益集团博弈的结果。利益集团之间的博弈体现在两个层面，在一定的会计规则下，一方面，利益集团首先对公共领域中利益进行争夺，增加了现行会计规则的成本；另一方面，利益集团要求对财产权利进行重新分配，相互博弈制定新的会计规则。

4.2.1.1 会计规则是利益集团博弈的结果

由于"作为会计信息加工标准的会计准则，对不同契约方具有不同的经济后果"（刘峰，2000）。各利益集团在会计规则制定中会努力争取最大利益，因此会计规则也就成为利益集团博弈的结果。

（1）早期的会计规则。

早期会计规则的利益集团主要在单一集团内，因此会计规则主要是以惯例等形式出现。适用范围也主要局限于皇室、商人或家庭等单一集团内。会计惯例是自我维系的内生性秩序，是产权利益主体在长期博弈中形成的均衡结果（李宁，2009）。随着贸易的扩大，增进了人们之间的交往，也就增加了更多的利益相关者，这时为了更好地界定人们之间的关系，开始要求出现相对统一的、能够计量复杂财产权利的会计规则。加里·约翰·普雷维茨在《美国会计史》（2006）一书引入了李（Lee，1972）的报告，他指出虽然1211年银行家肯定还没掌握复试分录，但是托斯卡纳地区的人们逐渐认识到所有的交易都是双向的这个基本特征。这说明人们开始注意到交易联结起来的人与人之间的关系。

（2）公认会计原则形成后的会计规则。

公认会计原则开始形成于20世纪20、30年代，特别是美国在1929年出现的经济危机，让人们意识到采用一般通用会计原则的重要性。因为当时美国企业会计处理方法和政策选择各自为政，会计信息失去了参考价值，会计处理混淆事实造成灾难性后果，因此各利益集团要求在更大范围内规范并约束人们的会计行为，尽量统一会计原则。美国于1933年颁布了《证券法》，1934年颁布了《证券交易法》，在规范证券市场业务的同时，也对上市公司会计信息的披露进行了规范。汪祥耀（2001）认为，1939年 AIA[①] 所属的审计程序委员会发表的第 1 号审计程序公告中，对"公司账目审计"中所推荐的审计报告格式做了修订，在新修订格式的意见段中，首次出现了"符合公认会计原则"的措辞。公认会计原则并不要求所有会计原则必须严格一致，只要能够达到足够的普遍程度就可以成为公认会计原则的一部分。1970年美国注册会计师协会所属的会计原则委员会（APB）在公布的第4号公告指出，公认会计原则包括惯例、规则和程序。公认会计原则，不是一成不变的，是随财产权利结构变化而变化的；它由多个层面组成，既有会计理论层次的，也有会计具体核算方法层面，还涉及会计的实务操作。

当会计规则对利益分配的结果影响足够大时，就会产生重要的经济后果。这种经济后果就导致会计规则的制定过程变成全体参与者博弈的

---

① 美国会计师协会（American Institute of Accountants，AIA）。

政治过程（刘峰，1996；黄文峰，2003）。在会计准则制定过程中，与强势集团讨价还价对最终的准则有着相当程度的影响（刘峰，1996）。谨慎性原则要求预估和降低风险，因此谨慎性原则的形成可以看出债权人介入会计规则制定的不懈努力（谢德仁，1997）。在美国，利益集团可以通过向 FASB 捐赠资金、展开游说等方式影响权利安排。当公司或组织等不同的利益集团认为会计规则对其不利时，就会对 FASB 展开游说活动，包括负面评价的信件、威胁不再提供支持或者求助政府高官影响准则制定（任春艳，2004）。例如 1974～1975 年，纽约城由于无法偿还银行的巨额债务而濒临破产，经过谈判后，银行业同意推迟主要债务的偿付。债务的延迟支付增加了债权人的风险，降低了债权的价值，因此 FASB 建议在确定延期支付债务后，债权人应对尚未收回的债权重新估值。但是这种会计处理很可能会在账簿上确认较高的债权损失，也就会降低银行的利润。随后，银行业向理事会递交了 700 多封信反对 FASB 的建议，再加上银行业巨头们的游说，最终 FASB 在财务会计准则第 15 号公告中放弃了要求银行对债权减值部分的冲销（Zeff，2005）。在安然事件发生后，为了严格监管，2002 年美国国会通过《萨班斯—奥克斯利法案》禁止 FASB 接受捐赠，允许其通过基金会来筹措资金。2008 年金融危机爆发后，以花旗、美林、瑞银等为代表的金融巨头和一些政治家们认为金融危机的罪魁祸首就是公允价值会计，[①] 认为用公允价值会计夸大损失引发市场恐慌，加剧金融危机危害，因此要求修改会计准则。然而同样的会计准则在金融资产价格连续上涨时，忽视了金融资产风险，计量了大量收益，但是金融界却没有要求修改会计准则。因此，利益集团之间的博弈直接决定了会计规则的形成。

（3）会计规则制定权本身就是博弈的结果。

在会计规则制定程序化后，会计规则制定权的安排就体现了利益集团博弈的结果（谢德仁，1997）。表现为在一国之内，不同利益集团相互博弈争取规则制定权；在国家之间，不同国家之间相互争夺规则制定权。

---

① 美国众议院共和党领袖约翰·博波纳的声明集中体现了他们的观点："对那些没有市场价值的金融资产而言，繁重的公允价值计量规则已经恶化了信贷危机，改变这些规则已经成为众议院共和党的首要任务"，原文"公允价值会计准则是金融危机'帮凶'？"载于《中国证券报》，2008 年 10 月 31 日。

①美国会计规则制定权特点。美国的会计准则制定程序实际包括两层代理关系，即国会与 SEC（美国证券交易委员会）之间以及 SEC 与 FASB 之间的代理关系（朱七光，2010）。FASB 负责制定并发布财务会计准则征求意见稿和最终公告，但是列入讨论议程的项目都是 SEC 提出的；而 SEC 是美国联邦政府中的独立金融监管机构，向国会负责（秦学斌，2009）。美国国会本来就是利益集团博弈的主战场，因此美国会计准则的制定也就是各大利益集团博弈的结果。

②我国会计规则制定权特点。我国会计规则的制定具有政府强制性供给的特点。但是从会计规则制定程序一定程度上也保证了相关利益主体之间的利益博弈，因此我国的会计规则也是各方博弈的结果。我国会计规则制定一般经过规则立项、规则起草、公开征求意见、规则修改、正式发布等几个阶段。在计划经济体制下，企业产权高度集中，国家掌控绝大部分权利，是会计规则的主要利益主体，因此会计规则由政府制定，主要是借鉴苏联的惯例，分部门、分行业制定会计制度。随着市场经济体制的逐步建立，出现多种所有制形式，也就有更多的利益主体参与到会计规则制定中，在各个阶段可以通过各种途径发表自己的意见来影响规则制定。当然由于我国市场经济体制建设还处于发展阶段，资本市场功能还不完善，会计信息还未全部发挥应有功能，因此各利益主体对会计规则的制定还缺乏广泛的参与性。吴联生（2004）实证分析了利益相关者在会计规则制定中的参与程度，认为利益相关者对经济后果认识不够，缺乏参与规则制定的适当渠道，在规则制定方面存在"搭便车"倾向。

4.2.2 会计规则是一种产权制度

4.2.2.1 会计规则是一种产权制度

关于会计与产权，众多学者做了大量研究。瓦茨和齐默尔曼（1983）指出会计是产权结构变化的产物，是为监督企业契约签订和执行而产生的。刘峰、黄少安（1992）用科斯定理研究了会计准则，认为会计准则是一种产权制度，产权制度选择理论同样对会计准则的选择有一定的指导作用。伍中信（1998）认为会计产生、发展和变更的根本使命是：

体现产权结构，反映产权关系，维护产权意志。田昆儒（2005）认为产权会计研究产权及其运动，其目标是提供关于产权变动的会计信息以提高经济效益。郭道扬（2009）梳理了人类会计思想演进的主体脉络。从最初的原始计量记录方法用于采集经济时代越冬食品的储备与分配管理，到产权社会中会计保障产权作用，提出会计在解决可持续发展危机中应有的作用。

通过分析会计的技术属性，我们知道会计是一种计量产权的技术，具有计量会计主体财产权利的功能；通过分析会计的制度属性，我们知道会计是一种规范和约束人们调整和界定产权行为的制度，可以界定人们之间的关系。综合会计的两种属性，我们认为：会计既是计量产权的技术，也是规范和约束人们调整和界定产权的制度。正如黄少安（2008）指出："界定产权或调整产权，实际上就是从制度意义上调整人们的权利和责任，所以，建立或调整产权，也可以说就是建立或调整产权制度。"因此，会计规则是一种包含特定计量技术的产权制度。

产权是一种权利束，各项权利包括权能和利益。会计作为一种产权制度不可能完整界定所有权利，它以各项权利的权能为基础，侧重对利益的界定。比如资产类要素界定的是企业法人能够行使的权利，资产类会计科目是根据不同的权能而对权利进行的分类；负债类要素界定的是企业债权人的权利，负债类会计科目是根据权能的不同而对权利进行的分类。并且以财产和权利为基础，对利益进行会计计量，来界定产权。因此，会计计量的结果（会计信息）是权能和利益的综合反映。

4.2.2.2　会计规则的基本功能

会计作为一种具有独特计量技术的制度，与其他制度一样可以减少不确定性，将外部性内部化，从而起到界定人们之间关系的作用。

（1）可以减少不确定性。

统一的会计规则具有一致的会计前提和原则，以及统一的会计程序和处理方法，可以规范会计行为减少会计处理的不确定性。阿什博和平卡斯（Ashbaugh and Pincus，2001）认为统一的国际会计准则可以降低分析师的预测误差。例如，刘和米特尔施泰特（Liu and Mittelstaedt，2004）通过实证研究发现 SFAS 106 号准则发布后，可以提高会计信息的可靠性。这样就使得企业的经济业务可以按照统一的原则、程序和方法生成会计信息，减少了企业进行会计处理的机会主义行为，以会计信息为基础界定信息使用者之间的关系。并且规则的一致性和连续性让信息使用者可以对企业未来的权利变化进行分析预测。

（2）可以将外部性内部化，降低交易费用。

如果会计规则未能界定企业权利，或者未能调整企业权利的变化，这样就会将一部分权利置于公共领域。公认会计原则的形成使得会计规则在理论前提、会计程序和计量方法等不同层面规范了会计规则进行权利界定的内容和方式，减少了企业各自为政进行会计处理产生的公共领域。每个企业具有不同的权利特点，在成本收益原则下公认会计原则不可能对所有权利都进行全面的界定，因此在执行会计规则时赋予企业一定的灵活性，比如企业可以在一定程度上进行独立的会计估计和判断，这样可以让企业自己界定公认会计原则无法界定的权利。因此可以激励企业全面准确地界定每项权利。

（3）界定利益相关者之间的关系。

①会计规则界定企业与企业之间的关系。

企业可以通过对比按照统一的会计规则生成的会计信息，来对比企业间的资产规模、结构安排以及现金流量状况以判断企业的经营特点；也可以通过资产特点来判断企业与客户之间的关系，比如可以分析应收账款的账龄、周转时间等来分析企业与客户之间的信用关系，还可以通过分析应付账款的周转效率来分析企业与供应商之间的信用关系。

②会计规则可以界定企业与初始产权之间的关系。

会计规则可以界定企业与初始产权之间的关系，即与股东和债权人之间的关系。负债类账簿可以界定不同债权人对企业拥有的权利，财务费用可以反映使用债务资金付出的成本；所有者权益可以界定股东在企业中拥有的不同权利。利润表可以反映企业在一个会计期间的具体权利变化过程。我国准则中的股东权益变动表可以直接反映股东权利结构的变化情况。

③会计规则可以界定企业利益相关者之间的关系。

企业利益相关者可以利用披露的会计信息预测未来的企业财产权利变化情况，对比分析自身及其他利益相关者未来的权利变化，来做出现时经济决策。

当然，这些功能体现在一定的时空范围内。因为会计规则不是一成不变的，在不同的时间和空间范围内，企业的权利有不同的结构和表现形式，也就要求具有不同的会计规则来界定和调整企业权利。会计规则除了具有以上基本功能外，其主要功能体现在对企业权利的界定和调整。本部分将着重分析会计规则具有的产权界定功能。

4.2.3 会计规则的产权界定功能

早期企业权利形式较为简单，企业主负责具体经营管理，企业相关利益主体较少，因此会计规则主要由企业主自己制定，并在企业范围内使用，因此会计主要侧重于采用会计技术对财产权利进行计量，目的是给企业主提供自身拥有的财产权利信息。

随着企业投融资范围的扩大，特别是资本市场日渐成熟，企业权利呈现出多样化、复杂化的特点，特别是虚拟资产的出现，减少了权利与财产的直接联系，增加了利益的不确定性，同时财产权利边界的扩大也使得企业相关利益主体的范围扩大，要求提供范围更大质量更高的会计信息，因此也就要求会计规则更加合理地合理界定并分配企业权利，更准确地计量各项权利的利益。本部分主要以现代企业特点为对象，分析会计规则对企业权利的界定与分配。

4.2.3.1 会计规则界定企业权利的层次

会计规则以财产权利运动为对象，通过完整的会计计量程序生成会计信息，因此会计信息是企业财产权利状况和变化情况的反映。同时由于会计规则假设企业是持续经营的，并且计量程序是完整连续的，这样，会计信息就可以用于预测企业未来财产权利状况和变化情况，也就成为资本市场中各利益主体进行各种决策的重要基础。因此会计信息就成为实体经济与资本市场的媒介，一方面会计信息是会计规则对企业某个时点的财产权利状况及一定期间内变化情况的计量结果，另一方面它又可以用于预测未来的财产权利。这样会计规则的产权界定功能就相应地表现为三个层次。

第一层次，会计规则可以直接地界定产权。即会计规则以会计主体的财产权利为对象，以财产权利变化为确认条件，经过会计确认、计量、报告等程序，运用会计规则特定的原则和方法，对会计主体的财产权利进行界定。

第二层次，会计规则对企业权利的后续分配。对于会计规则已经界定的企业权利，还要根据其权利状况进行后续分配，一方面要对企业经营过程中正常履行的权利状况进行分配，比如原材料正常的耗用，机器设备折旧的分配等，另一方面还要界定其他因素导致的权利变化，比如资产的减值损失等。

第三层次，会计信息可以预测企业权利变化，界定企业未来权利。会计信息是会计规则的计量结果，会计规则的一致性使得会计信息可以用于预测企业未来的财产权利变化。资本市场的各参与主体所做决策的主要目的是为了在一定的风险基础上尽可能多地获得未来利益，因此会计信息的预测作用就显得尤为重要。当然会计规则在预测未来财产权利时，还需要其他非财务信息，如关于原材料、产品的信息以及宏观政策的信息等。会计制度对已变化产权的界定是预测未来产权的基础和依据。

4.2.3.2　会计规则对企业权利的界定与调整

我们已经系统地分析了会计作为一种产权界定技术对企业财产权利的界定与分配。而会计规则就主要包括了对一系列会计假设、原则、程序和方法等具体技术内容的制度规范，因此会计规则对企业财产权利的界定，也体现为制度化的会计技术对财产权利的界定。

会计假设为会计界定产权提供了统一的时间和空间范围确定标准、关于未来生产经营的一致预期和一致的计量基础，使得产权界定成为可能。会计要素和科目是企业具体的财产权利结构的体现，会计账户可以界定企业具体的财产权利，每个会计账簿计量的价值大小反映了对企业权利的分配情况，可以更详细地界定企业权利。各种计量属性、原则和方法规范具体会计行为，保证会计规则界定产权标准的一致性。

4.2.3.3　会计信息的产权保护功能

会计信息是会计规则界定和分配企业财产权利的结果，利益相关者可以通过分析会计信息了解企业财产权利状况，以此为基础做出判断与决策。因此会计规则具有界定和保护产权的职能（伍中信，1998），会计信息具有产权保护功能。

会计信息的产权保护功能体现在两个方面：一方面，会计信息直接表明了企业权利状况，由于会计规则的一致性，信息使用者可以比较同一企业不同会计期间，以及同一会计期间不同企业之间的权利状况，还可以比较企业的不同权利主体之间的权利分配情况。在利用会计信息时，应着重考察核算会计信息采用的具体会计政策，由于会计规则具有一定的灵活性，企业可以在一定范围内自主选择具体会计政策，因此对于同样的经济业务，不同企业可能采取了不同的规则，所生成的会计信息不具有直接可比性。因此，会计信息的比较意味着企业权利分配方式的比较，即会计规则的比较，在规则一致的前提下，才可以比较权利大小。

另一方面，会计信息作为会计规则界定企业权利的结果，包含企业权利状况的具体内容，对信息使用者进行决策具有重要的影响，因此会计信息具有影响各利益主体未来权利的经济后果。会计信息可以用于股东的决策，如盖尔布和指罗温（Gelb and Zarowin，2002）发现，自愿性信息披露的增加会增强当前股价对未来盈余的预测能力。会计信息也会影响债权人的态度，如阿迈德等（Ahmed et al.，2002）研究发现，会计稳健性可以降低由于股东和债权人利益冲突导致的代理成本。尼细姆和彭曼（Nissim and Penman，2003）发现，由于存在财务杠杆作用，债务比率信息可以用来预测公司未来的 ROE 和 B/M 指标。俞（Yu，2005）研究发现企业信息披露程度越高，债券利率越低。并且，稳健的会计信息和现金流量可以帮助信息使用者预测股票的未来收益率及相关风险（彭曼和张，2002）。

4.2.4　会计规则与会计技术的关系

4.2.4.1　会计规则会影响会计技术的发展

一方面，会计规则会促进会计技术的发展。比如改革开放以后，我国从计划经济体制向市场经济体制转变，现代企业制度的建立要求建立现代会计核算制度，1993 年颁布了《工业企业会计制度》《房地产开发企业会计制度》《商品流通企业会计制度》《金融企业会计制度》等一系列会计制度，使得我国的现代会计核算技术在短期内较快地发展起来，并且企业作为会计核算主体根据自身的业务特点，开发了许多实用性更强的会计核算技术。

另一方面，会计规则也会限制会计技术的运用。如企业会计规则为了达到会计信息的可比性，要求采用统一的会计规则，这种普遍适用性就排除了一些会计核算技术；再如对国有企业来说，资本的保值增值目标也要求企业采用较平稳的固定资产折旧政策，即直线折旧法，这样就限制了其他折旧政策的使用。

4.2.4.2　会计技术会影响会计规则的发展

一方面，会计技术会促进会计规则的发展。如会计计算的基本技术，从我国早期采用珠算，到采用计算器，再到应用财务软件，就改变了原始凭证的审查、确认、计量和管理的制度；估值技术的发展为准确界定资产价值提供了技术基础，使得公允价值会计的应用成为可能；电子信息技术的发展使得会计核算向电算化网络化转变，一定程度上改变了会计基本操作规范；同时会计技术的发展也增强了企业和资本市场之间的联系，要求在更大范围内规范会计行为。这些都增强了会计计量的及时性、准确性和全面性，更加完整地界定企业权利。

另一方面，会计技术也会抑制会计规则的发展。如在手工核算阶段，要对大量的原始凭证进行核查、整理、汇总，需要有大量的会计人员对诸如成本、存货、工资等进行手工核算，导致核算差错率高、会计信息披露不及时等问题的出现，并且手工核算的监管难度相对较大，增加了人为操纵会计信息的机会，使得会计规则无法完整界定企业权利，增加了交易成本。在公允价值会计中，对于第三层次的公允价值（即不可观察信息的公允价值）的确定，应采用预期现金流量贴现法，虽然这种方法在理论上相对比较成熟，但是在实践中缺乏适用条件，还不能广泛应用，这样，公允价值会计作为一种制度，其作用与影响的范围受到限制，客观上会延缓会计制度的发展。一旦对这种技术的适用条件做出适当修改和限制，如明确界定三个公允价值级次，这种制度就会被广泛采用。

会计规则与会计技术之间存在相互促进与约束的关系，因此会计规则与会计技术应该相适应，即针对某种会计规则应开发便于应用和普及的会计技术，对于某种计量准确的会计技术，在符合成本收益原则下应广泛应用以更好地界定企业权利，进而界定人们之间的关系。

4.3 会计规则的公共领域、 变迁动力与变迁逻辑

制度变迁的动力源于对公共领域中利益的攫取，利益集团的博弈形成了新的制度，在制度形成的过程中，财产与技术发挥着重要作用。会计规则作为一种重要的产权制度，遵循着同样的变迁规律。

4.3.1 会计规则产生的公共领域

交易成本导致界定产权时出现公共领域，降低资源配置效率。会计规则作为一种产权制度，在对企业权利进行调整和界定时也会出现公共领域，体现在财产、技术与制度三个层面上。第一，财产是产权的基础，技术的进步、人们偏好的改变等因素致使企业财产权利是不断发展变化的，会计规则具有一定的稳定性，将一部分利益置于公共领域。第二，会计规则的供给应符合成本收益原则，因此不会界定所有财产权利，特别是当财产权利不断变化，会计技术无法精确计量的前提下，会计规则在界定和分配企业权利时会将更多的利益置于公共领域。第三，会计技术特定的理论基础和相对统一的计量原则、程序和方法，以及会计技术的成本，使得会计规则在界定企业权利时出现公共领域。三个方面产生的公共领域最终表现为企业权利无法完整界定，产生较高的交易成本降低资源配置效率。

4.3.1.1 财产权利的变化是形成公共领域的基础

会计规则具有一定的稳定性，一定时间和空间内是不变的。在现实中，财产权利是不断发展变化的，这样就会不断出现原有会计规则没有界定，或者是没有完整界定的财产利益，被置于公共领域。会计信息使用者也就无法通过分析会计信息来完整地了解企业财产权利状况，影响资源配置效率，产生较大的交易成本。早期较为简单的财产权利只需要采用单式记账原则就可以界定，财产权利逐渐多样复杂后，就需要采用

复式记账原则来综合反映财产权利的分配与界定状况。企业出现后，需要综合配置多种资源，分别具有不同的价值属性和权利实现方式，对财产权利变化存在不同的确认标准和计量方法。

科学技术的发展、财产形式的多样化、企业间经贸往来的扩大，特别是企业信用体系的建立以及相对完善的资本市场功能等多种因素使得企业权利发生较大变化。企业产权已经不是包含所有权利的统一体，各项权利逐渐分离，具有不同程度的流动性，利益链条不断延长，风险也在逐渐加强。比如公司制企业，特别是上市公司，所有权与经营权分离，所有权具有较强的流动性，会产生较高的代理成本，为了融资以及降低代理成本引入了债权人，债权人为了自身资金的安全，可能会参与公司治理影响经营权的使用，比如要求企业在偿还本息之前不能投资风险过高的项目等。同时，权利的重组也出现了以应收账款或存货等为基础资产的金融资产，这样就出现了权利的延伸。因为这种金融资产的投资者拥有其所有权、转让权和收益权等权利，但是这种金融资产的收益权分为两个层级，首先金融资产的收益权来自应收账款的收益权，其次是应收账款的利益实现。这就延伸了利益链条，增加了利益实现的不确定性，具有较高的风险。并且这种金融资产还可以与其他资产重组，衍生出不同层级的金融资产，使得权利形式更加复杂，具有更高的风险，尽管利益随着金融资产层级不断延伸，其实现的基础仍然是基础资产利益的实现，一旦基础资产利益无法实现，以它为基础的所有衍生金融资产的利益都无法实现。因此每层金融资产的权利界定，特别是风险的衡量给会计规则提出了更高的要求。

总之，企业财产权利具有多重属性，并且是不断发展变化的，这就要求会计规则的制度和技术两个层面要针对不同的财产权利特点采用不同规则和技术来界定企业权利，并且要不断调整适应财产权利的变化。

4.3.1.2　会计规则的供给成本形成的公共领域

冯巧根（2008）指出会计制度变迁成本包括交易成本和组织与协调成本，交易成本包括设计费用、执行费用、调整费用与机会成本，组织与协调成本包括转换成本、会计信息质量成本和税收成本。李晓玲、王福胜（2009）认为会计制度变迁具有摩擦成本、运行成本和监督成本。虽然不同学者对会计规则变迁成本的类别划分有所差异，但是所包含的内容是大同小异的。为便于分析，笔者认为会计规则的供给成本包括制定成本、转换成本、摩擦成本与运行成本四种，供给成本的存在使得产权无法完整界定，一部分利益置于公共领域。

（1）规则制定成本。

制定成本是指会计规则在制定中花费的成本。规则的制定需要在负责机构的组织协调下进行，有专门的制定程序、规则起草人员、咨询专家等必要的机构和人员。制定完毕后，会计规则要在专家范围内以及社会应用领域中广泛征求意见后，进行修改，然后再进一步征求意见，如此几个循环后会计规则使用者可以基本达成一致。如美国的 FASB 以及我国的财政部都专门负责制定本地区的会计规则。这些机构要按照会计原则和信息质量要求，全面地掌握和分析现行会计规则的适用性，及其执行效率与效果，这就需要长期大量地搜集与分析已披露的会计信息，以及经济变化特点，并且重点深入分析重大事件所体现出的规则缺陷。比如，2002 年的安然事件为代表的一系列财务丑闻暴露出的美国会计规则存在监管等方面的缺失，以及 2008 年全球金融危机中公允价值会计在计量金融资产时缺乏对风险的全面考察。对这些信息的搜集、分析甚至是争论，都需要花费较高的成本。

（2）规则转换成本。

新的会计规则在执行中也面临较高的成本。首先，会计规则的执行者面临较高的转换成本。一方面是会计人员的知识更新需要成本。会计人员需要学习掌握新会计规则的含义和方法，与旧规则相比具有的特点，以及做了哪些调整等内容，以便更好地执行会计规则解读会计信息。这在一定社会范围中，需要花费较高的时间和物质成本，比如进行广泛的宣传、组织会计人员培训和会计知识竞赛等。另一方面，会计规则的变化会导致规则的物质载体发生转化。比如会计规则变化后，可能需要开设新的会计账簿，配备新的会计人员，在会计信息技术得到普遍运用的情况下，会计软件需要升级甚至需要重新开发。这些都会直接产生较高的物质成本。

其次，信息使用者面临较高的转换成本。一方面，信息使用者面临知识的转换成本。会计信息使用者需要学习新规则的含义和方法，并且分析新旧规则的差别及其对会计信息的影响，以准确理解会计信息的含义。另一方面，信息使用者面临信息分析技术的转换成本。新规则提供的新信息要求信息使用者升级或开发信息分析技术，或是财务分析软件等。并且信息使用者还要根据各种相关信息，对会计估计和判断等主观会计行为是否合理恰当，做出自己的判断；或者可以咨询专业人员（如财务分析师等）来解读会计信息，这些都增加了规则转换后的信息成本。

（3）规则摩擦成本。

新会计规则与旧会计规则在应对相同业务时可能采取不同的处理办法，这就会产生新旧会计规则的摩擦。因为经济业务是连续的，前后采取不同的会计规则提供的会计信息不具有连续性，虽然执行新规则时一般要求将按照旧规则计量的经济业务，重新按照新规则重新计量并披露相关信息，但是这种会计信息实际已经与原来的产权环境脱离，参考价值降低。并且，新旧会计规则交替时，企业还可能存在机会主义行为，利用会计规则的灵活性，在规则允许的范围内做出有利于自身的主观判断，模糊会计信息内涵，增加交易成本。如公允价值会计实施后，有些业务的计量属性由历史成本变为公允价值，在采用公允价值计量属性时，企业会忽略风险因素来判断公允价值，这样会造成会计信息的失真。

新会计规则实施会与其他规则造成冲突，产生摩擦成本，对其他规则所作的调整也会增加成本，也会增加摩擦成本。比如新会计规则实施后，审计准则和税法都应该做出相应的调整。

（4）规则运行成本。

新会计规则的实施给会计运行提出了更高的要求。一方面，会计规则的变化要求会计规则运行做出相应调整，比如会计程序的变化，运行范围的扩大、监管原则和方法等发生变化；另一方面，会计运行要求在深入掌握会计规则具体原则和方法的基础上，综合考虑新旧规则衔接、会计惯例、企业战略以及管理层动机等多种因素，来判断企业执行会计规则的合规性与合理性。

（5）会计技术的使用成本。

会计规则很大程度上是对会计技术的选择和使用进行规范，因此会计技术的成本会影响会计规则的制定。从早期的结绳记事到如今资本市场中复杂的金融资产定价模型，会计技术将更多的财产权利影响因素以更科学的逻辑综合起来确定财产权利的价值，这既包含了已经发生的价值变化，也包含了可能影响价值的因素和风险。比如会计技术在使用过程中，会受到会计人员技术水平、固定资产等硬件、财务软件以及相关信息获取能力的影响。财产权利的复杂性与虚拟化等特点，使得会计技术在界定和计量产权时需要大量的信息和先进的分析技术，这都表现为会计技术的成本，同时也构成了会计规则的成本。

因此，会计技术不能无限制地追求计量精确性，在合理计量价值的同时应维持相对较低的计量成本，所以会计计量技术不可能完整界定权利，必然会将一部分利益置于公共领域。

4.3.1.3　会计规则的计量特点形成的公共领域

会计规则是制度与技术的统一体，在计量财产权利时具有特定的假设、计量原则、程序等。这些特点使会计规则在界定企业财产权利时，将一部分利益置于公共领域，从而引起企业权利的重新分配。本部分以公认会计原则为基础，分析会计规则形成的公共领域。

（1）会计规则的相对统一性产生公共领域。

会计准则统一的核算口径不可能和实际业务完全一致，一定程度上限制了对企业权利的界定与分配。会计准则的确认和计量企业财产权利的口径在一定期间和范围内是基本一致的，特别是我国经济发展的特点之一就是不均衡，因此很容易出现公共领域，导致无法准确界定产权。比如我国国有企业统一实行的直线折旧法就不一定符合所有企业情况。对于这部分处于公共领域的企业权利，一般主要由企业自主对其进行分配，比如在会计准则的前提下，根据企业自身特点开发专门的会计计量技术，制定专门业务的核算程序，并且针对会计人员制定专门的操作规范。

（2）会计假设产生的公共领域。

会计假设划定了会计规则界定和分配企业权利的范围，不在此范围内的企业利益被置于公共领域，可能会被其他产权制度界定，也可能无法界定。

①会计主体假设产生的公共领域。

会计主体假设划定了会计规则进行财产权利界定的空间范围。在财产权利交换形式简单的经济体中，这种空间范围的划分有利于会计主体识别自身权利状况。但是逐渐复杂化的交易形式使得会计主体的边界越来越模糊，部分利益被置于公共领域。

从横向来看，企业组织形式的网络化使得会计主体边界模糊，出现产权公域。20 世纪末开始，信息技术高速发展，企业组织形式呈现网络化、非中心化特点。在企业内部，各部门既有不同的职能划分完成各自的职能目标，同时也为了应对客户需求的变化打破组织边界，以项目或订单为导向配置资源，成立项目小组进行产品研发、设计、生产和销售。同时，企业之间也可以成立松散的企业联盟，构建企业网络，形成包括资金、材料、产品和市场的完整的价值链，在更大范围内配置资源。这都会模糊会计主体边界，造成权利交叉重叠。

从纵向来看，现代商业信用的发展促使了财产权利流动性的加强和交易范围的扩大，这样就使得财产和权利，以及各项权利之间更容易出现分离，并且权利逐层延伸。比如金融衍生产品就是基础资产和权利分离后，各项权利与其他金融资产权利相互组合形成的产品，并以此为基础可以逐层延伸形成其他衍生品。后形成的金融衍生品的利益实现依赖其前一层金融资产，每一层衍生品的利益实现都依赖基础资产利益的实现。这样会计主体就只能反映某一层级的金融资产权利，而无法全面界定整体权利。如在 2007 年的美国次贷危机中，房产价格下跌使得次贷衍生证券价格大幅下降，就是这种权利延伸性的表现。

②持续经营和会计分期假设产生的公共领域。

持续经营假设认为会计在界定权利时，是以企业历史经营状态对未来进行预测的，将企业经营看作是无风险的，但是企业的经营风险和财务风险都会威胁企业的持续经营，这样界定权利会导致权利的交叉重叠。经济交易中财产权利变化是连续的，会计分期假设使得这些变化处在一个或几个会计期间中。会计分期假设只是将持续经营的期间分成等间隔的时间段，本身并不会产生公共领域，但是现行的企业会计规则一般主要是以权责发生制为基础确认权利变化，这样就一部分权利实际上处于公共领域中。比如企业长期拖欠的应付账款，已经将权利确认为供应商所有，但是并没有实际支付货款，这部分利益仍由该企业占有支配。

③货币计量假设产生的公共领域。

货币计量是保证会计全面、连续、系统计量和界定权利的基础，但是财产权利的形式和特点不能都绝对地货币化。因此会计规则无法计量企业所拥有的非货币化资源。比如人力资源在企业竞争中起到至关重要的作用，但是人力资源无法绝对货币化，会计规则目前只是采用成本费用的形式来界定拥有的劳动力，即在员工提供了劳动服务以后，将购买劳动服务的工资以成本或费用的形式计量，并且计量的目的是为了确认完工产品的成本。会计规则并没有完整界定其现时拥有的人力资源的权利。

（3）会计计量属性形成的公共领域。

会计计量属性是计量财产权利价值的重要依据。企业财产权利往往具有不同的价值属性，采用一种属性进行价值界定会忽略其他属性，比如历史成本属性会忽略财产权利的风险，采用公允价值会忽略付出的成本等。当交易成本不为零时，在成本收益原则下，一般选择最能体现权利价值的一种计量属性为基础进行权利界定，这样就会忽略其他属性价值。

历史成本认为现时财产权利的价值可以用过去的价值来衡量；重置成本认为权利的价值应该是现时获得同样权利所付出的价值；可变现净值认为权利的价值体现在现时变现所获得的净收益；现值属性认为权利的价值取决于未来产生的利益及承担的风险；公允价值属性认为权利的价值取决于有序交易中市场参与主体协商的价格。当交易成本为零时，采用不同计量属性对同一权利计量的结果应该是一样的，即在任何时点采用不同计量属性计量出来的结果都是真实价值。当交易成本不为零时，不同权利可能着重体现出不同的特性，其计量结果很可能是各不相同的，这主要是因为存在信息不对称。如果采用一种计量属性来界定权利，则会将一部分利益置于公共领域。

（4）会计要素和科目形成的公共领域。

①会计要素形成的公共领域。

资产、负债和所有者权益三个静态会计要素必须是由过去的交易或事项产生的，是对权利行使及实现的事后反映。但是对于已经发生变化还没有行使的权利，会计规则没有界定。比如本月企业与银行已经签订了借款合同，约定下个月借入一笔款项，企业的权利实际却已经发生了变化，但是会计规则是不予确认的，只有当下个月实际借入款项时，才确认并界定债务的发生。另外，资产是由企业拥有或控制的，这样就会使得一部分短期的临时拥有的权利无法界定，比如通过经营租赁获得某种设备的短期使用权，在租赁期间企业至少拥有使用权，但是目前会计规则只确认租赁费的支付，没有界定使用权，当然这种会计处理考虑了会计计量的成本收益原则，是合理的。现时义务是负债的确认条件之一，但是或有负债具有的潜在义务也会导致权利安排的变化，在会计中是无法界定的。所有者权益是一种剩余权益，依赖资产和负债的界定，在界定资产和负债出现公共领域的前提下，一部分所有者应有的利益也可能置于公共领域。

收入和费用要素在确认时应保证利益和风险的同时转移，但是清晰完整地界定这部分权利需要大量相关信息，这会造成部分利益处于公共领域，被掌握信息的内部人利用。比如企业可以提前或推迟确认这部分收入来改变权利结构，达到管理层期望的结果。并且以权责发生制或者收付实现制为基础来确认权利变化，势必导致一部分利益被置于公共领域，影响权利界定。

②会计科目形成的公共领域。

会计科目是对会计要素更详细科学地划分，是企业财产权利具体内容的体现，其载体是会计账簿。会计账簿的使用也要遵循成本收益原则，必然导致价值量较低的财产利益无法完整界定在企业权利中。另外在我国，会计科目是统一划分并严格管理的，企业可以根据需要规定的会计科目选择开设各种会计账簿，但是不能随意设立其他会计科目。这有利于企业内部以及企业之间的权利比较，是界定权利的有效方法，但是固定的会计科目，不会严格地对应所有企业的所有经济业务，一部分利益无法界定为企业的权利。同时这也给予管理层利用会计科目来模糊企业权利边界进行利益攫取的余地。

（5）财务会计报告产生的公共领域。

财务会计报告是会计规则界定企业财产权利的最终体现。一方面，财务会计报告中反映的是会计规则的执行结果，由于会计规则的制度性和技术性都将一部分利益置于公共领域，所以财务会计报告中也没有包含这部分利益；另一方面，财务会计报告披露的信息，既有强制性披露，如财务会计报表中披露的内容，也有自愿性披露，如附注中披露的内容。报表中的信息是执行会计政策的结果，管理层在附注中自愿地披露其选择的会计政策以及相关的重要信息，这样就将其他一部分利益置于公共领域，并且受利益集团的影响。作为企业内部人的管理层可以通过披露关于企业利好的信息来攫取这部分利益。

综上所述，本节主要从会计规则的统一性、供给成本以及计量特点三个方面分析了会计规则形成的公共领域。会计规则形成公共领域存在一定的合理性，因为会计规则只是众多的产权制度之一，任何一种产权制度都无法完整界定产权，需要不同的产权制度相互协调共同界定产权，比如在我国对于企业权利的界定，除了会计规则还有《中华人民共和国公司法》《中华人民共和国劳动法》《中华人民共和国合同法》等法律规范，还有企业自己制定的企业章程、企业内部的管理制度、企业之间签订的具体的产品购销合同、债务合同等法律契约。这些不同适用范围内的规则连同会计规则一起对企业权利进行界定、分配与调整。也就是说，会计规则是产权制度中的一种，它形成的公共领域可以由其他制度来界定权利归属。但是，正如会计规则一样，任何一种制度界定产权以及制度之间共同界定产权都需要充分的信息，因此存在较高的信息成本。再加上会计计量特性以及会计规则和技术的成本等因素所形成的公共领域，势必引起利益相关者对公共领域中利益的攫取，从而可能形成新的会计规则。

4.3.2 公共领域中的利益博弈是会计规则变迁的重要动力

在自身利益最大化的前提下，相关利益集团会争相攫取处于会计规则形成的公共领域中的利益。

4.3.2.1 信息不对称使得管理层拥有内部信息，优先攫取利益

现代会计准则体系建立以后，会计信息使用者增加，更多利益集团开始关注会计规则具有的重要经济后果。在公司制企业中，所涉及的利益方主要包括股东、管理层、债权人、潜在投资者、政府等。在争夺利益的博弈过程中，不同的利益集团具有不同的利益诉求。

在一定的会计规则下，会计规则的执行体现了管理层的意志。管理层是股东的代理人，行使企业资产的经营管理权，完成股东委托的经营目标，所披露的会计信息是主要的考核依据。会计规则执行的过程及结果体现了管理层的意志。在具体执行会计规则时，管理层为了最大化个人利益，可以利用会计规则做出有利于自身利益的主观判断，生成符合

经营目标考核标准的会计信息，为自己攫取利益。特别是作为内部人的管理层在博弈中具有信息优势，可以优先攫取利益，比如提前或推后确认销售收入，影响财产权利在不同会计期间的分配，来达到管理层自身完成经营目标的目的。

　　股东主要追求的是利益最大化（包括股利和资本利得），不管股东偏好哪一种收益形式，一般都要求企业具有较高的盈利能力。这样就会导致管理层在会计判断中对利益的考虑较多，而对风险的考虑偏少。将风险置于公共领域，而没有将风险界定在产权中实际上就是帮助股东攫取了这部分利益。大股东还会利用会计规则侵占小股东利益。2001 年我国财政部颁布的《企业会计制度》允许企业计提"八项准备"的初衷是提高会计信息质量，但最终变成了大股东用来调节上市公司利润掠夺小股东利益的工具（刘浩、孙铮，2006）。

　　一般情况下，管理层主要以股东利益最大化为目标函数。股东与债权人之间存在一定的代理冲突，本质上是利益冲突。管理层既要保证债权人的资金安全，同时又要为股东创造更多的杠杆利益。这样，在制定具体会计政策及报告会计信息时，管理层会倾向于少估计风险，多报告关于企业具有较高盈利及现金流的会计信息。当然，债权人也会采取各种措施保证自身利益的安全，比如在签订债务契约时债权人指定公司的审计机构，充分披露或有负债信息等。

　　政府负责维持正常的经济秩序，并向企业征税。税收是政府参与企业利益分配的重要形式，政府参与分配必然会影响股东的利益，作为股东代理人的管理层首先会在符合会计规则的前提下，运用规则的灵活性制定符合股东利益的会计政策。比如当企业盈利较高时，管理层倾向于选取折旧或摊销速度较快的折旧或摊销政策，预计较高的资产减值损失等，这些措施会降低企业利润，减少税金支付。当企业有其他的目标选择，例如企业上市或是增发配股，需要企业具有较高的盈利水平时，管理层则倾向于选择低估损失高估利润的会计政策。为了避免税收利益的损失，政府的监管部门一般要求企业不得随意变更会计政策，如果确实需要变更，则要求企业正式声明并说明变更原因。但是企业的经营具有专业化特点，并且同行业中的每一个企业也不完全一样，所以企业披露的会计政策变更所隐含的信息很难被信息需求者完全解读，这种信息不对称再结合上会计政策的变更以及企业某种经营策略，就会产生影响企业权利分配的最终效果。甚至当信息严重不对称并且监管不到位时，管理层为帮助股东与自身获取更多的利益，甚至不惜做假账来影响企业权利分配。

4.3.2.2 企业管理层和会计规则制定机构博弈分析

（1）完全信息条件下企业管理层和会计规则制定机构静态博弈分析。

根据前文分析可知，在原有会计规则下，会计规则产生的公共领域，一部分被其他产权制度界定（比如企业的劳动力由人力资源管理制度进行规范），一部分被置于公共领域中，没有界定。公共领域中的利益应该归企业所有，应该要求明确界定其中的利益的价值大小和权利归属。一般来讲，会计规则制定机构是非营利性的独立机构，拥有会计规则的制定权，负责提供会计规则来界定财产权利，向企业利益相关者（如股东、债权人和政府）提供会计信息，界定的产权越完整，提供的会计信息质量越高，规则制定机构的声誉和公信力越高。企业管理层作为内部人掌握企业内所有信息，为了最大化个人利益，可以优先行动攫取公共领域中的利益。会计规则界定企业财产权利生成的会计信息，具有强制性披露和自愿性披露两种情况。为便于分析，假设改变会计规则后所披露的会计信息均需要强制性披露。会计规则制定机构改变会计规则会分配和界定一部分处于公共领域中的利益的权利归属，并披露相关会计信息，这样就会暴露企业管理层的攫取利益行为。对于企业管理层攫取公共领域中利益的行为，会计规则制定机构会施加惩罚，这种惩罚是对企业管理层的约束和限制（比如警告、降低信用评价等），不会转移为各利益集团的收益。

①模型假设。

假设1：在公共领域进行利益博弈的行动主体包括企业管理层（简称管理层）和会计规则制定机构（简称规则制定机构）两方。管理层严格执行已颁布的会计规则，并且作为企业内部人，可以优先行动攫取公共领域中的利益。因此，管理层具有两种行动：攫取或不攫取公共领域中的利益。规则制定机构拥有会计规则制定权，具有两种行动：改变或不改变会计规则。

假设2：管理层攫取公共领域中利益的概率为 α，且 $\alpha \in [0, 1]$，不攫取的概率为 $1 - \alpha$；规则制定机构改变会计规则的概率为 β，且 $\beta \in$

[0，1]，不改变会计规则的概率为 1 - β。

假设 3：管理层攫取公共领域中利益的收益为 E_m，攫取行为（如分析、度量、获取等）本身的成本为 C_m；规则制定机构改变会计规则的收益为 E_r，改变会计规则的成本为 C_r。

假设 4：如果不改变会计规则，管理层的攫取利益行为给会计规则制定机构带来的损失为 C_r^*（如声誉的降低、会计规则的低效等）；如果改变会计规则，所披露的会计信息均需要强制性披露，规则制定机构发现管理层的攫取行为对其施加的惩罚为 P_r。

假设 5：披露会计信息时无成本，分析中所涉及的各种收益 E、成本 C 和惩罚 P 的取值均大于等于 0。

②求解。

第一，在给定管理层攫取概率为 α 的情况下，规则制定机构改变和不改变会计规则的期望收益分别为：

$$U_{改变} = (E_r - C_r)\alpha + (E_r - C_r)(1 - \alpha) = E_r - C_r$$
$$U_{不改变} = (0 - C_r^*)\alpha + 0(1 - \alpha) = -\alpha C_r^*$$

当会计规则制定机构改变规则和不改变规则的预期收益无差异时，得到规则制定机构的博弈均衡，此时 $U_{改变} = U_{不改变}$，即 $\alpha = \dfrac{C_r - E_r}{C_r^*}$。由于 $\alpha \in [0，1]$，则由 $\dfrac{C_r - E_r}{C_r^*} \geq 0$ 可知，当企业管理层认为规则制定机构改变规则的成本高于收益时，才会攫取公共领域中的利益；由 $\dfrac{C_r - E_r}{C_r^*} \leq 1$ 可得 $C_r \leq (C_r^* + E_r)$，会计规则制定机构改变规则会带来两种收益，一种是改变规则所带来的绝对收益 E_r，另一种是改变规则所带来的相对收益，即挽救给规则制定机构造成的损失 C_r^*，这构成了规则制定机构的总收益，并且总收益 $(E_r + C_r^*)$ 应该大于等于改变规则的成本 C_r。在这种情况下，管理层会权衡自身利弊决定是否攫取公共领域中的利益。

如果规则制定机构改变会计规则的成本 C_r 高于收益 $(E_r + C_r^*)$，这样就造成规则制定机构不会改变会计规则，在本模型中没有意义。

因此，当管理层攫取行为的概率 α 大于 $\dfrac{C_r - E_r}{C_r^*}$ 时，$U_{改变} > U_{不改变}$，

规则制定机构的最优选择是改变会计规则；当管理层攫取的概率 α 小于

等于 $\dfrac{C_r - E_r}{C_r^*}$ 时，$U_{改变} \leq U_{不改变}$，规则制定机构的最优选择是不改变会计

规则。

第二，在给定规则制定机构改变会计规则的概率为 β 的情况下，管理层攫取和不攫取公共领域中利益的期望收益分别为：

$$U_{攫取} = (E_m - C_m - P_r)\beta + (E_m - C_m)(1 - \beta) = E_m - C_m - \beta \cdot P_r$$
$$U_{不攫取} = 0$$

当管理层攫取和不攫取的预期收益无差异时，得到管理层的博弈

均衡，此时 $U_{攫取} = U_{不攫取}$，即 $\beta = \dfrac{E_m - C_m}{P_r}$。由于 $\beta \in [0, 1]$，根据

$\dfrac{E_m - C_m}{P_r} \geq 0$ 可知，当管理层攫取行为的收益高于成本时，攫取行为才

有意义，当然这时规则制定机构可能会改变会计规则；根据 $\dfrac{E_m - C_m}{P_r} \leq 1$

可知，对于管理层的攫取行为，规则制定机构要施加惩罚，并且施加的惩罚 P_r 应该高于管理层的净收益（$E_m - C_m$），否则，规则制定机构改变会计规则也无法遏制管理层的攫取行为，这样改变会计规则也没有意义。

因此，当规则制定机构改变会计规则的概率 β 大于等于 $\dfrac{E_m - C_m}{P_r}$

时，$U_{攫取} \leq U_{不攫取}$，管理层的最优选择是不攫取；当规则制定机构改

变会计规则的概率 β 小于 $\dfrac{E_m - C_m}{P_r}$ 时，$U_{攫取} > U_{不攫取}$，管理层的最优选

择是攫取。

根据上述分析可知，规则制定机构改变会计规则的总收益为（$E_r + C_r^*$），应该高于其成本 C_r；发现管理层的攫取行为时，对其施加的惩罚 P_r 应该高于管理层攫取行为的净收益（$E_m - C_m$）。所以规则制定机构在决策是否改变会计规则时，应该综合考虑四方面因素：其一，收益 E_r 的大小，即改变规则后会计信息质量改善的程度，也就是对财产权利界定和分配的状况；其二，改变会计规则能够挽救的损失 C_r^*，比如提高了规则制定机构的声誉；其三，改变会计规则的成本 C_r；其四，对管理层攫取公共领域中利益行为的惩罚水平 P_r。在这四个要素中，C_r^* 依

赖于 E_r，即新的会计规则越完整地界定产权，则企业财产权利状况越全面，那么挽救的损失也越多。当管理层攫取的概率 α 大于 $\dfrac{C_r - E_r}{C_r^*}$ 时，规则制定机构会改变会计规则；当 α 小于等于 $\dfrac{C_r - E_r}{C_r^*}$ 时，规则制定机构不会改变会计规则。

（2）不完美信息条件下管理层和规则制定机构静态博弈分析。

在不完美信息条件下，管理层分析自身获取的关于公共领域中利益的信息，决定是否攫取这部分利益，攫取行为要符合成本收益原则，并且如果攫取行为被发现，就会受到惩罚。规则制定机构也会根据自身获得的关于公共领域中利益的信息，决定是否改变会计规则，因为现有的会计规则没有界定这部分利益。由于管理层拥有企业的控制权，因此公共领域中的利益很容易被管理层优先攫取。但是改变会计规则也要符合成本收益原则。并且由于存在信息不对称，即使改变会计规则，管理层也可能选择不执行新会计规则，来掩盖自身的攫取行为，避免处罚。这样规则制定机构就需要对管理层执行会计规则的情况进行审查，如果查出攫取行为就要对管理层进行处罚，如果存在攫取行为而未能查出，那么规则制定机构就会遭受信誉的损失。同样为便于分析，假设改变会计规则后，如果管理层选择执行新会计规则所披露的会计信息均需要强制性披露。

①模型假设。

假设 1：在公共领域进行利益博弈的行动主体包括管理层和规则制定机构两方。管理层作为企业内部人，可以优先选择攫取或者不攫取处于公共领域中的利益，管理层攫取公共领域中利益的概率为 α，且 $\alpha \in [0, 1]$，则不攫取的概率为 $1 - \alpha$，管理层攫取公共领域中利益的收益为 E_m，攫取行为（如分析、度量、获取等）本身的成本为 C_m。

假设 2：规则制定机构拥有会计规则制定权，针对处于公共领域的利益，可以选择改变或不改变会计规则。规则制定机构改变会计规则的概率为 β，且 $\beta \in [0, 1]$，不改变会计规则的概率为 $1 - \beta$，改变会计规则的收益为 E_r，改变会计规则的成本为 C_r。如果不改变会计规则，管理层的攫取行为给会计规则制定机构带来的损失为 C_r^*。

假设 3：规则制定机构改变会计规则后，管理层可以选择执行或者不执行会计规则[①]，执行会计规则的概率为 μ，且 $\mu \in [0, 1]$，不执行会计规则的概率为 $1 - \mu$。如果管理层存在攫取行为，执行会计规则就会暴露攫取行为，规则制定机构对其施加的惩罚为 P_r。

假设4：改变会计规则后，规则制定机构要审查管理层执行会计规则的情况，审查行为耗费的成本为 C_a，对于管理层不执行会计规则的行为，规则制定机构对其施加惩罚 P_n。在管理层存在攫取行为而又不执行会计规则的前提下，攫取行为被查出的概率为 λ，且 $\lambda \in [0, 1]$，查不出攫取行为的概率为 $1 - \lambda$，如果查出管理层的攫取行为，规则制定机构对其施加的惩罚为 P_r。

假设5：管理层执行会计规则无成本，分析中所涉及的各种收益 E、成本 C 和惩罚 P 的取值均大于等于0。

②博弈步骤。

第一，管理层作为内部人优先选择攫取或者不攫取处于公共领域中的利益，攫取的概率为 α，攫取行为的收益为 E_m，攫取行为的成本为 C_m，攫取行为给规则制定机构造成的损失为 C_r^*。

第二，会计规则制定机构知道管理层的攫取概率后，选择改变或者不改变会计规则，改变的概率为 β，改变会计规则的收益为 E_r，成本为 C_r。

第三，会计规则改变后，管理层会选择执行或者不执行会计规则，执行会计规则的概率为 μ，不执行会计规则的概率为 $1 - \mu$。存在攫取行为的前提下，管理层执行会计规则会暴露攫取行为。

第四，规则制定机构要审查管理层执行会计规则的情况，耗费的审查成本为 C_a。在管理层不执行会计规则的前提下，如果管理层存在攫取行为，则被查出的概率为 λ。规则制定机构对管理层的攫取行为施加的惩罚为 P_r，对不执行会计规则的行为施加的惩罚为 P_n。

③求解。

第一，在给定管理层攫取概率为 α 的情况下，规则制定机构改变和不改变会计规则的期望收益分别为：

$$U_{改变} = \alpha \{ \mu \cdot (E_r - C_r - C_a) + (1 - \mu) \cdot [\lambda \cdot (E_r - C_r - C_a)$$

---

① 这里执行会计规则是指严格按照会计规则进行会计处理；不执行会计规则是指不严格按照会计规则处理，或者根本不进行会计处理。

$$+ (1 - \lambda)(E_r - C_r - C_a - C_r^*)] \} + (1 - \alpha)$$
$$\cdot [\mu \cdot (E_r - C_r - C_a) + (1 - \mu) \cdot (E_r - C_r - C_a)]$$
$$U_{\text{不改变}} = (0 - C_r^*)\alpha + 0(1 - \alpha) = -\alpha C_r^*$$

当会计规则制定机构改变规则和不改变规则的预期收益无差异时，得到规则制定机构的博弈均衡，此时 $U_{\text{改变}} = U_{\text{不改变}}$，即 $\alpha = \dfrac{C_r + C_a - E_r}{[1 - (1 - \mu)(1 - \lambda)]C_r^*}$。由 $\dfrac{C_r + C_a - E_r}{[1 - (1 - \mu)(1 - \lambda)]C_r^*} \geq 0$ 可知，改变会计规则的总成本包括规则制定成本 C_r 和审查成本 C_a，当改变会计规则的总成本（$C_r + C_a$）高于其收益 E_r 时，管理层会选择攫取处于公共领域中的利益。由 $\dfrac{C_r + C_a - E_r}{[1 - (1 - \mu)(1 - \lambda)]C_r^*} \leq 1$ 可得，$C_r + C_a \leq E_r + [1 - (1 - \mu)(1 - \lambda)]C_r^*$，即会计规则制定机构改变规则会带来两种收益，一种是改变规则所带来的绝对收益 E_r，另一种是改变规则所带来的相对收益，即挽回给规则制定机构造成的损失 $[1 - (1 - \mu)(1 - \lambda)]C_r^*$，两者构成了规则制定机构的总收益，并且当总收益高于总成本时，管理层才会选择攫取处于公共领域中的利益。

当管理层攫取的概率 α 大于 $\dfrac{C_r + C_a - E_r}{[1 - (1 - \mu)(1 - \lambda)]C_r^*}$ 时，$U_{\text{改变}} > U_{\text{不改变}}$，规则制定机构的最优选择是改变会计规则；当管理层攫取的概率 α 小于等于 $\dfrac{C_r + C_a - E_r}{[1 - (1 - \mu)(1 - \lambda)]C_r^*}$ 时，$U_{\text{改变}} \leq U_{\text{不改变}}$，规则制定机构的最优选择是不改变会计规则。

第二，在给定规则制定机构改变会计规则的概率为 β 的情况下，管理层攫取和不攫取公共领域中利益的期望收益分别为：

$$U_{\text{攫取}} = \beta\{\mu(E_m - C_m - P_r) + (1 - \mu)[\lambda(E_m - C_m - P_r - P_n)$$
$$+ (1 - \lambda)(E_m - C_m - P_n)]\} + (1 - \beta)(E_m - C_m)$$
$$U_{\text{不攫取}} = \beta[0 \cdot \mu + (1 - \mu)(0 - P_n)] + (1 - \beta) \cdot 0 = -\beta \cdot (1 - \mu) \cdot P_n$$

当管理层攫取和不攫取公共领域中利益的预期收益无差异时，得到管理层的博弈均衡，此时 $U_{\text{攫取}} = U_{\text{不攫取}}$，即 $\beta = \dfrac{E_m - C_m}{[1 - (1 - \mu) \cdot (1 - \lambda)]P_r}$。由于 $\beta \in [0, 1]$，根据 $\dfrac{E_m - C_m}{[1 - (1 - \mu) \cdot (1 - \lambda)]P_r} \geq 0$ 可知，当管理层的攫取行为的收益高于成本时，攫取行为才有意义，当然这时规则制定机

构可能会改变会计规则；根据 $\dfrac{E_m - C_m}{[1 - (1 - \mu) \cdot (1 - \lambda)]P_r} \leq 1$ 可知，对于管理层的攫取行为，规则制定机构要施加惩罚，并且施加的惩罚 $[1 - (1 - \mu) \cdot (1 - \lambda)]P$ 应该高于管理层的净收益（$E_m - C_m$），否则，规则制定机构改变，会计规则也无法遏制管理层的攫取行为，这样改变会计规则也没有意义。

因此，当规则制定机构改变会计规则的概率 β 大于等于 $\dfrac{E_m - C_m}{[1 - (1 - \mu) \cdot (1 - \lambda)]P_r}$ 时，$U_{攫取} \leq U_{不攫取}$，管理层的最优选择是不攫取处于公共领域中的利益；当规则制定机构改变会计规则的概率 β 小于 $\dfrac{E_m - C_m}{[1 - (1 - \mu) \cdot (1 - \lambda)]P_r}$ 时，$U_{攫取} > U_{不攫取}$，管理层的最优选择是攫取处于公共领域中的利益。

根据上述分析可知，规则制定机构改变会计规则的总收益为 $E_r + [1 - (1 - \mu)(1 - \lambda)]C_a^*$，应该高于其总成本（$C_r + C_a$）；发现管理层的攫取行为时，对其施加的惩罚 $[1 - (1 - \mu) \cdot (1 - \lambda)]P_r$ 应该高于管理层攫取利益行为的净收益（$E_m - C_m$）。当管理层攫取利益的概率 α 大于 $\dfrac{C_r + C_a - E_r}{[1 - (1 - \mu)(1 - \lambda)]C_r^*}$ 时，$U_{改变} > U_{不改变}$，会计规则会发生变革。

综上所述，通过构建企业管理层和会计规则制定机构的静态博弈模型，指出规则制定机构在决定是否改变会计规则时，应该综合考虑四方面因素，即改变会计规则后所提供的会计信息质量改善程度，改变会计规则所能够挽救的损失、改变会计规则的成本，以及对管理层攫取公共领域中利益行为的惩罚水平等。并且进一步指出会计规则发生变革的条件，强调管理层和规则制定机构的利益博弈，在一定条件下促进了会计规则的变革，是会计规则变迁的重要动力。

4.3.3 会计规则变迁逻辑

会计规则作为一种重要的产权制度是相关利益集团博弈的结果，受到财产和技术的重要影响，会计规则变迁也呈现出严密的逻辑性，如图 4-3 所示。

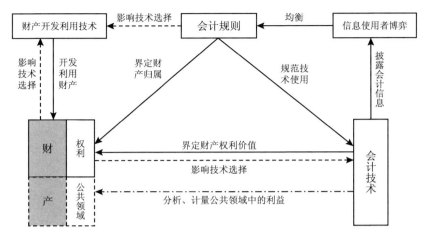

图 4 - 3　会计规则的"财产、技术和利益集团博弈"分析框架

会计规则是重要的产权制度，具有分配界定财产权利的重要功能，可以规范会计技术的选择和使用，具有制度和技术双重属性。会计规则具有重要的经济后果，直接影响到相关利益集团的利益分配，因此利益集团通过分析利用自身获得的各种信息展开博弈，攫取处于公共领域中的利益，制定有利于自身利益的会计规则。当各利益集团相互博弈达到均衡时，在符合成本收益条件下，会计规则形成。会计规则具有一定的稳定性，但是在财产开发利用技术的进步、人们偏好改变等因素的作用下，财产权利不断发展变化，导致已有会计规则无法完整界定财产权利，出现公共领域。各利益集团通过分析利用各种信息进行利益博弈，争取制定符合自身利益的会计规则。当新会计规则产生后，既形成了对财产权利的重新分配，又可以减小公共领域降低交易成本，从而进一步促进经济增长。由于财产权利的变化是连续不断的，因此会计规则也是在与财产和技术的互动中不断循环演进的。

4.4　本 章 小 结

会计具有两种属性：技术性和制度性。

不同时期的会计具有不同的技术特点。早期会计技术主要被用来计量所有者自身拥有的财产物资，产生的会计信息也主要是自己使用，因此早期的会计技术因人而异，没有统一的标准，表现为会计惯例等多种形式。随着人类的社会活动和经济交流的丰富多样，利益相关者的范围增大，就需要以统一的标准来规范会计技术生成披露会计信息，这样，会计技术又具有制度化特点。

会计作为一种产权界定技术，可以界定财产权利的范围和价值，向利益相关者披露会计信息。在会计假设下，会计技术根据权利特点将企业权利划分为不同的静态和动态会计要素，并进一步将企业权利详细划分为不同的会计科目，据此开设对应的会计账簿，通过确认、计量和报告等统一的程序，运用会计政策与方法来计量财产权利价值。所生成的会计信息就反映了特定时点和一定会计期间企业财产权利的状况，各利益主体通过分析会计信息可以掌握自身权利状况，并且可以对比与其他利益主体之间的关系。同时财产权利的属性会决定会计技术的选择，影响其发展。

会计规则作为一种产权制度，是利益集团博弈的结果。利益集团之间的博弈体现在两个层面。在一定的会计规则下，一方面，利益集团首先对公共领域中的利益进行争夺，增加了现行会计规则的成本；另一方面，利益集团要求对财产权利进行重新分配，相互博弈制定新的会计规则。会计规则的产权界定共表现为三个层次：第一，会计规则可以直接地界定产权。即会计规则以会计主体的财产权利为对象，以财产权利变化为确认条件，经过会计确认、计量、报告等程序，运用会计规则特定的原则和方法，对会计主体的财产权利进行界定。第二，会计规则对企业权利的后续分配。对于会计规则已经界定的企业权利，还要根据其财产属性和权利状况进行后续分配。第三，会计信息可以预测企业权利变化，界定企业未来权利。会计信息是会计规则的计量结果，会计规则的一致性使得会计信息可以用于预测企业未来的财产权利变化。

会计规则的制度性与技术性存在相互促进与约束的关系。会计规则的实施一定要以计量准确的、符合成本收益原则的会计技术为基础；同时要开发适应会计制度要求的会计技术。

会计规则作为一种产权制度，在对企业权利进行调整和界定时会将一部分利益置于公共领域，这主要体现在以下三个方面：第一，财产权利是不断变化的，会计规则具有一定的稳定性，将一部分利益置于公共领域；第二，会计规则的理论基础和相对统一的计量原则、程序、方法等，使得会计规则缺乏灵活性和适用性，在界定企业权利时出现公共领域；第三，会计规则的供给应符合成本收益原则，因此不会界定所有权利，将一部分利益置于公共领域。

利益集团通过分析利用自身获得的各种信息展开博弈，攫取公共领域中的利益，制定有利于自身利益的会计规则。当各利益集团相互博弈达到均衡时，在符合成本收益条件下，会计规则形成。并且通过对企业管理层和会计规则制定机构的两方静态博弈分析，揭示了会计规则形成的均衡条件以及会计规则变化条件。同时，进一步指出规则制定机构在决策是否改变会计规则时应该综合考虑，改变会计规则后所提供的会计信息质量改善程度、改变会计规则能够挽救的损失、改变会计规则的成本，以及对管理层攫取公共领域中利益行为的惩罚水平等四方面因素。

当新会计规则产生后，既形成了对财产权利的重新分配，又可以减小公共领域范围内降低交易成本，可以进一步促进经济增长。由于财产权利的变化是连续不断的，因此会计规则也是在与财产和技术的互动中不断循环演进的。

第 5 章　金融危机背景下公允价值会计改革

5.1　公允价值会计与金融资产产权特征

5.1.1　公允价值的含义及特点

5.1.1.1　公允价值的含义

坎宁在《会计中的经济学》（1929）中指出理想的计量模式应该按照资产的直接估价来计量价值，即应按照未来现金流量贴现值表示，如果无法获取相关信息，也可以采取间接计价。[①] 这就意味着会计中开始引入公允价值思想。美国著名会计学家威廉·佩顿（William Paton）在1946 年提出了公允价值概念，并于 20 世纪 70 年代被引入美国公认会计原则中，成为一种会计计量属性。在随后的几十年中，公允价值作为计量属性逐渐被更多的会计准则采纳。FASB 将公允价值定义为："公允价值是在当前非强迫或非清算的交易中，双方自愿进行资产（或负债）的买卖（或发生于清偿）的价格。"这个定义侧重强调了会计应以双方的权利交换为计量基础。在交易成本不为零的环境里，会计主体拥有的任何一项权利，既有自身的真正价值，同时在进行权利交换时还有交换价值。在交易成本为零的条件下，两个价值应该是相等的。FASB 对公

---

① 许家林等. 经济学引入会计首创人：约翰·班纳特·坎宁. 财会通讯（综合版），2012 年第 1 期（上）。

允价值的定义实际上要求会计应以交换价值计量权利的变化为标准，但是会计规则作为一种产权界定方式本质上要求准确计量产权，两个价值的不一致就会导致高估或低估产权的状况。因此 FASB 在《美国财务会计准则第 157 号——公允价值计量》（FAS157）中进一步将公允价值定义为："公允价值是在计量日市场参与者之间的有序交易中，出售资产受到或转让负债支付的价格。"在这个定义中增加了有序交易市场的条件，这里隐含着一个前提：如果市场参与者的交易是有序的，则可以认为交易的价值就是该权利在这个市场中的真正价值。这也就是认为市场的有序交易可以避免权利交换价值严重偏离真正价值的情况。但是要获得真正的价值还欠缺一个条件，即应该在信息相对充分的前提下，市场参与者可以根据获得的信息对权利定价，以此为基础来进行交易，这样形成的公允价值才不会严重偏离真正价值。缺少了这个关键条件，就相当于否定了真正价值的存在，在 2008 年全球金融危机中，公允价值计量属性的这个特点表现得尤为突出。在金融资产信息严重不对称的条件下，即使是在市场有序交易的前提下，金融资产交易价格由危机爆发前的一路飙升出现严重资产泡沫，到危机爆发时的大幅度下跌①，就说明交易价格是严重偏离真正价值的，也反映出市场参与者无法判断出金融资产的真正价值。因此，充分的信息和有序的交易是运用公允价值计量属性的基本条件。

97

　　国际会计准则委员会（IASC）于 1999 年颁布的 IAS39《金融工具：确认和计量》中将公允价值定义为："公平交易中，熟悉情况的当事人自愿进行资产交换或负债清偿的金额。"我国于 2014 年颁布的《企业会计准则第 39 号——公允价值计量》中将公允价值定义为："公允价值是指市场参与者在计量日发生的有序交易中，出售一项资产所能收到或者转移一项负债所需支付的价格。"同样，我国对公允价值的运用也划分了相同的三个级次。但是由于我国资本市场还不完善，我国的会计准则体系只是适度、谨慎地引入公允价值计量属性。可以看出，IASC、FASB 与我国对公允价值会计的定义并没有实质上的区别，虽然都强调公平交易，但没有给出公平交易的具体认定条件，更多地是指交易程序上的公平，而没有侧重强调市场参与主体能够公平地获得信息。因此也

---

① 雷曼兄弟 2008 年 9 月 10 日的股价已较 2007 年年初最高价下跌了 95%。资料来源：http：//business. sohu. com/20080915/n259562443. shtml。

就都无法掩盖在信息不对称条件下公允价值存在的缺点。

5.1.1.2　公允价值会计特点

公允价值包含两方面内容，一方面是公允，另一方面是价值。公允是建立在真实价值基础上的，而价值的确定需要公允的秩序作为基础，两者是相辅相成的关系。公允更多地强调了市场交易主体之间的关系，即具有一定的秩序，因此主要是从制度层面进行界定。金融资产价值的界定既具有制度性也具有技术性。制度性体现在，金融资产价值的界定一定要建立在一定的秩序基础上，即在市场交易主体按照一定的秩序确定了相互之间关系的基础上来界定价值。技术性体现在公允价值会计的定价技术，要在一定秩序的基础上，考虑市场秩序。缺乏有效的秩序，会使得技术无法运用，无法获得真正的价值。缺乏适用的技术，无法准确界定价值，无法准确界定相互之间的关系。2008 年金融危机之前的公允价值会计主要强调了公允的秩序，但是没有强调如何确定金融资产价值，特别是价值的确定需要考虑的风险因素。因此，公允价值会计主要规定了一种界定企业权利的秩序，但是缺乏对金融资产定价的技术。

5.1.2　金融资产产权特征

众多学者从不同角度定义了产权的内涵，但大都一致认为产权本质上界定了人与人之间的关系，由各种不同的权利组成，每项权利都由权能和利益构成，并且权能和利益是相辅相成的，没有权能自然没有利益，同时如果利益无法获得，权能也就无法实现（平乔维奇，1990；巴泽尔，1989；黄少安，2004 等）。金融资产产权也符合上述产权内涵，它包含各种不同的权利，界定了人们之间的关系，每项权利由权能和利益构成。但是由于信息不对称，加上信用的产生和金融创新不断发展等因素，金融资产产权有其特殊性：价值的高风险性、利益的延伸性、流动性。这三个特征造成了金融资产产权的虚拟性。

5.1.2.1　金融资产产权价值的高风险性

相对于实物资产，金融资产的价值具有较高的风险。因为金融资产的价值不能像实物资产的价值能相对可靠地判断出来（如某种机器设备可以通过产能和技术水平等因素相对客观地判断其价值），交易双方要采用一定方法估算金融资产的价值，据此做出决策。本书为了便于分析，假定：投资者采用对金融资产预期净现金流量贴现的方法来估算金融资产价值①。因此，金融资产的价值主要受人们对未来净现金流量和贴现率预期的影响。要做出正确的预期，需要充分的信息，最主要的就是会计信息。由于现实中难以获得关于金融资产的充分信息，因此估算的金融资产价值存在较高的不确定性，具有较高风险。比如，由于信用的产生使得金融资产利益实现被推迟（如票据的出现），能否真正实现利益具有不确定性，一旦无法收回现金流，就会损害产权主体利益。因此，这种虚拟性是由于缺乏信息导致的风险性。

5.1.2.2　金融资产产权利益具有延伸性

20 世纪 80 年代以来，金融创新的不断发展使得衍生金融工具成为现代金融市场的重要组成部分。虽然衍生金融工具的价值仍然可以根据预期净现金流量贴现来确定，但是金融创新的复杂化和多样化也使得衍生金融资产的产权利益呈现出延伸性特点，即利益的实现要以基础资产的净现金流量为基础。

当以一种或几种金融资产为基础资产衍生出不同层级的金融资产时，处在各层级的衍生金融资产的价值实现均以前一级金融资产的净现金流量为基础，而所有层级衍生金融资产的价值实现均以基础资产的净现金流量为基础。当基础资产的现金流量无法收回或预期无法收回时，获得衍生金融资产的未来现金流量的风险增大，衍生金融资产价值降低。比如在次贷危机中，次级信用贷款者的违约行为，导致贷款无法偿还，次级贷款的现金流入中断，进而使其衍生出的各层级金融资产价值降低，再加上缺乏有效监管等多种因素共同作用，产生了次贷危机。

---

① 金融资产的现金流量指和该项金融资产有关的现金或现金等价物的流入或流出量，预期净现金流量等于每一期金融资产预期现金流入量减去预期现金流出量的差额；我们采用预期净现金流量而不是预期收益来计算现值，是因为收益是采用权责发生制核算的会计利润，在当期不一定全部实现，而对投资者决策有用的是净现金流量。即使投资者不采用现值法来估算金融资产的价值，采取其他方法进行估算时也主要依赖对未来现金流的大小和风险的预测，因此我们认为这些不同的方法只是对预期现金流的处理技术的不同，并不影响下文的逻辑分析及结论。

5.1.2.3 金融资产产权的流动性

金融资产不具有实物形态，为产权转让提供了便利条件。詹姆斯·托宾（James Tobin）把金融资产定义为"可以转让的信用"，把金融资产所包含的风险汇总为"流动性风险"，它包含两个基本要素：（1）一项金融资产需要多长时间实现其下一次转让；（2）在给定时间内转让该项金融资产所必须承担的资产损失的大小。因此较强的流动性意味着金融资产的转让速度快，并且具有较高的产权价值，或者至少是价值损失不大。较弱的流动性意味着金融资产价值稳定，但很难转让；或者是金融资产产权转让频繁，但价值损失较大；或者是金融资产价值损失较大，且无法转让。在 2008 年金融危机中，表现出来的主要是较弱流动性的后两种情况，当金融资产价格下降后，资本监管要求补充资本，在没有外部资本进入的情况下，金融机构只能卖出持有的金融资产，并影响其他投资者卖出金融资产，进一步带动价格下降，直至金融资产无法转让。

同时，金融资产流动性具有自我强化的功能，较强的流动性会加速自身流转，较弱的流动性会抑制自身流转。这主要是由于金融资产产权价值的风险性和利益的延伸性，使得关于未来净现金流量的信息更加复杂并难以获得；投资者通过分析流动信息（如交易价格、交易规模等）来获取关于未来净现金流量的信息。一方面，当流动性较强时，投资者可以通过了解金融资产较高的成交价格和较好的收益状况等方面的信息（虽然公允价值计量下这些信息不一定正确），预期较高的未来净现金流量和较低的风险，以此定价做出投资决策，这种投资又给更多的投资者提供了信息，从而加速金融资产流转；另一方面，当流动性较弱时，较低的交易价格或市场需求会使投资者预期较低的未来净现金流量和较高的风险，资产定价较低，进而抑制金融资产流动。

金融资产产权的三个特点之间具有一定的相互作用。利益的延伸性使得关于预期净现金流量的信息更难以获得，要求投资者具有更强的主观分析判断能力，增加了价值风险性；而流动性本身隐含着可用于金融资产定价的相关信息，投资者通过分析流动性特点来获得信息，增加了信息的复杂程度，也增加了产权价值的风险性，同时高风险的价值会进一步放大流动性。这三个特点相互作用最终导致了金融资产产权的虚拟性。

5.1.3　金融资产产权特征与公允价值会计的关系

自 1990 年 9 月 SEC 主席查理·C·布雷登首次提出采用公允价值计量金融资产后，国际会计准则委员会（IASC）于 1999 年颁布的 IAS39《金融工具：确认和计量》中将公允价值定义为："公平交易中，熟悉情况的当事人自愿进行资产交换或负债清偿的金额。"FASB 在 2006 年颁布的《美国财务会计准则第 157 号公告：公允价值计量》（以下简称 FAS157）中，将公允价值定义为："市场参与者在计量日的有序交易中，假设将一项资产出售可收到或将一项负债转让应支付的价格"，并按客观性和可观察性将公允价值分为三个级次——按公开报价计量的公允价值、按可观察信息计量的公允价值、按不可观察信息计量的公允价值。第一、二级次的公允价值采用市场法确定，第三级次的公允价值采用收益法或重置成本法计量并要求披露详细信息。因此，在信息相对充分的条件下，第一、二级次的公允价值也是以预期净现金流量的现值为基础，因为投资者首先根据已获得的信息对资产进行估值，以此为基础进行谈判，市场成交价即为公允价值[①]。对于具有不可观察信息金融资产，其公允价值的确定依赖于预期净现金流量贴现，由于缺乏公开有序市场的信息对比与验证，关于未来现金流以及贴现率的信息缺乏真实可靠的基础。因此，第三级次的公允价值受人们主观预测影响较大。

但是公允价值级次的划分是基于存在有序的市场前提，公允价值会计并没有考虑有序的市场在出现流动性缺失的情况下如何确定公允价值。特别是在金融危机中，由于市场信用的崩溃和风险的增加，处在第一、二级次的公允价值很可能掉入第三级次，而第三级次公允价值存在较大的主观性。因此公允价值层级的划分为评价公允价值计量信息提供了权威依据，限制操纵行为、增强可靠性，但存在一些操作性缺陷（于永生，2009）。缺乏实际操作性，公允价值会计在运用中存在较大主观因素，这样就增加了金融资产价值的风险性和虚拟性。

产权与会计存在密切的联系。会计是产权结构变化的产物，是为监督企业契约签订和执行而产生的（瓦茨、齐默尔曼，1983）。所以，会

---

① 当然，双方定价和成交价不可能完全一致，成交价也反映了该金融资产的供求信息。

计准则是一种产权制度，产权制度选择理论同样对会计准则的选择有一定的指导作用（刘峰、黄少安，1992）；其产生、发展和变更的根本使命是：体现产权结构，反映产权关系，维护产权意志（伍中信，1998）。我国企业会计准则中规定了五种主要的计量属性：历史成本、重置成本（现行成本）、可变现净值、现值和公允价值。其中历史成本和公允价值是两种主要的计量属性。而公允价值计量基础是现实中充分发挥会计界定产权和保护产权功能的最佳计量基础，它使会计真正走上追求"价值计量"和"产权保护"的道路（曹越，2009）。因此公允价值会计是金融资产产权的重要界定手段，起着界定和保护金融资产产权的重要功能。

5.2 金融危机背景下公允价值会计与金融资产权利界定

5.2.1 金融危机中公允价值会计表现：顺周期效应

2008 年金融危机重创了全球金融系统，引发了金融界和实务界关于公允价值会计的论战，[①] 争论的焦点之一就是计量金融资产的公允价值会计是否具有顺周期效应（"procyclicality"或译作"亲周期效应"），加剧了金融危机的波及面和危害程度。顺周期效应描述的是经济数量与经济波动相互关系，如果经济数量与经济波动保持正相关关系，则说明存在顺周期效应（黄世忠，2009）。

金融危机中存在顺周期效应是毋庸置疑的，表现在经济繁荣时，资产价格上升，确认更多收益，银行贷款的信用风险减少，又进一步推动资产价格上升；经济衰退时，资产价格下降，确认较多损失，银行贷款信用风险增加，又进一步推动价格下降。但是对于公允价值会计是否具

---

① 以花旗、美林等为代表的金融界认为用公允价值计量金融资产，夸大了危机的损失，造成了投资者的恐慌，加剧了金融危机的波及面和危害程度；以美国财务会计委员会（FASB）和国际会计准则理事会（IASB）为代表的会计界则认为，公允价值这种计量模式客观地揭示了金融资产的公允价值的增加和泡沫破灭的过程，并不是金融危机爆发的根源。

有顺周期效应，学术界主要有三种观点：一部分学者认为公允价值会计具有顺周期效应。瓦里森（Wallison，2008）指出，公允价值会计具有鲜明的顺周期效应，即在经济萧条时会导致资产价格的非理性下跌，而在经济繁荣时制造泡沫。艾伦和卡莱蒂（Allen and Carletti，2008）认为盯市会计（mark to market accounting）具有潜在的传染效应（contagion effect），并可能引发顺周期效应。黄世忠（2009）分析了公允价值会计产生顺周期效应的机理，认为公允价值会计主要通过资本监管、风险管理和心理反应三个机制传导顺周期效应。葛家澍等（2010）指出，金融危机来临后，公允价值会计具有顺周期效应；应根据资产的不同特点和用途，并按照不同的经营目标模式，选择采用历史成本计量或公允价值计量。郭晓莉等（2010）通过分析以公允价值计量金融工具产生的顺周期效应及对金融稳定性的影响，指出我国应根据国情适度运用公允价值。

另一部分学者认为公允价值会计不具有顺周期效应。雷克斯和鲁兹（Laux and Leuz，2009）认为还没有直接证据表明在金融危机中公允价值会计具有传染效应，还需要深入研究。张荣武（2010）认为资产价格的波动受人类心理等多种因素影响，"公允价值"追求"真实与公允观"的会计理念，公允价值计量基础上的财务报告只是企业财务状况在某一时点的客观反映，本身不具有顺周期效应。虞凤凤（2010）以顺周期效应的内涵和公允价值的本质为切入点反驳了公允价值的顺周期效应，指出虽然公允价值计量存在缺陷，但仍是金融机构目前最好的会计框架，我国应分步骤、分阶段地运用。

还有部分学者认为，公允价值会计与顺周期效应存在一定联系，但不是产生顺周期效应的根源。于永生（2009）认为，顺周期效应是多种因素综合作用的结果，主要归因于财务报告与金融资本监管政策的关联性，并且与次贷产品的复杂性特征有直接关系，公允价值会计不是直接诱因。刘建中和丁乾桀（2010）从顺周期效应的产生机制和传导机制进行分析，认为公允价值和顺周期效应并没有明显的直接关系，顺周期效应不是公允价值的必然属性，它只是管理层不恰当地运用盯市会计、准则的真空、投资者心理、监管政策的呆板等系列因素综合作用的结果。

已有研究从不同角度分析了公允价值会计与顺周期效应之间存在的

关系，并提出了公允价值会计改革的建议，做出了有益深入的探索。但是这些研究也存在不足。

首先，上述研究的研究对象不一致，没有明确区分是公允价值会计规则本身具有顺周期效应，还是公允价值会计提供的会计信息具有顺周期效应的经济后果。公允价值计量和历史成本（摊余成本）计量一样，只是一种计量规则，本身不会产生任何效应，只会提供不同方法核算的会计信息。而会计信息则可以对经济产生重要的影响，这一方面取决于会计信息是否具有较高的质量，如公允价值会计运用的条件是否充分，方法是否正确，会计信息披露是否及时等；另一方面取决于对会计信息的分析和解读是否正确，运用是否恰当。

其次，已有研究并未深入分析公允价值会计的计量对象——金融资产产权的特征。瓦茨和齐默尔曼（1983）指出会计是产权结构变化的产物，是为监督企业契约签订和执行而产生的。刘峰、黄少安（1992）认为会计准则是一种产权制度，产权制度选择理论同样对会计准则的选择有一定的指导作用。因此，会计产生、发展和变更的根本使命是：体现产权结构，反映产权关系，维护产权意志（伍中信，1998）。因此会计可以通过提供会计信息保证契约的签订和执行，具有界定产权的功能。由于产权与会计存在密切联系，所以分析金融资产产权可以为公允价值会计改革指出方向：计量金融资产的会计规则应该提供能够界定和维护金融资产产权的会计信息。因此，本书试图通过分析金融资产产权特征，金融危机中顺周期效应产生的过程以及公允价值会计从中所起的作用，从产权界定的角度提出公允价值会计改革的建议。

5.2.2　金融资产、公允价值会计与利益博弈

顺周期效应是一种结果表现，可以通过分析顺周期效应产生的过程，来揭示不同因素所起的作用。我们主要分析次级贷款及其衍生证券产生的过程，如图 5-1 所示，以及美国住房市场价格上涨和下跌时顺周期效应的产生过程，并在此过程中揭示公允价值会计所起的作用。

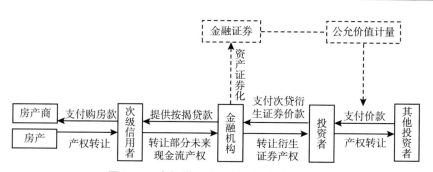

图 5 – 1 次级贷款及其衍生证券产生过程

5.2.2.1 金融资产的信息不对称与公共领域

次级信用者①想购买房产，但是无力支付首付款，在房价不断上涨时，一部分金融机构为了获取较高收益，开始降低首付比例，向次级信用者发放住房按揭贷款，次贷方式购房的首付比例只有5%，甚至更低（许成钢，2008）。这样，次级信用者就可以用按揭贷款从房产商手中购买住房产权，代价就是在未来若干年向金融机构定期支付现金流（本息），金融机构获得了次级信用者部分未来现金流量的权利。为了尽早收回这部分未来现金流量，金融机构对次级贷款进行证券化，并将次贷衍生证券销售给投资者，这种金融资产的利益实现要依赖其基础资产（次级贷款）的未来现金流量的实现，利益的延伸性使得关于未来现金流的信息更难以获取。交易时，金融机构掌握更多关于金融资产未来现金流量的信息，并且其利益的延伸性使得本已处于信息劣势地位的投资者更难获取信息。信息的不对称使得产权无法充分界定，一部分金融资产产权利益留在公共领域中，这样就存在攫取产权公共领域财富的机会。因此金融机构会选择披露有利于自身利益的信息，而隐藏不利信息，使得投资者预测未来现金流量较低的风险水平以估算较高的证券价值，来攫取处于公共领域的产权利益。这样一部分金融资产便进入流通领域。

---

① 在文中，次级信用者指无力按正常信用水平采用按揭贷款方式购买第一套房产的购房者，或按正常信用水平采用按揭贷款方式有能力购买一套房产而无力购买第二套房产，但却购买了第二套房产的购房者。并假定次级信用者自身获得未来净现金流量的能力和水平不变。

5.2.2.2 公共领域中的利益攫取

（1）房价上涨时的顺周期效应。

根据公允价值划分的三个级次，相应的金融资产也可划分为同样三个级次。第三级次的金融资产存在严重信息不对称；第一、二级次的金融资产，在流通过程中仍然存在信息不对称，一方面是由于衍生金融证券存在利益延伸性，另一方面是由于投资者通过市场交易信息来推测有关未来现金流的信息会使得信息更加复杂。

当房产价格不断上涨时，次级信用者将升值的房屋作为抵押物重新进行次贷按揭，可以获得比之前更高的贷款，然后提出现金供其消费（许成钢，2008）。就这样，在房价不断上涨的基础上，次级信用者手中增多的现金流降低了违约风险，[①] 因此由次贷衍生的金融资产的预期现金流很可能会实现，提升了金融资产的信用等级和内在价值，公允价值会计定期将这部分增加的收益确定为金融资产的产权价值。资产价值的增加，使金融机构在满足监管资本的要求下能够向市场提供更多的资本，增强市场的流动性。但是公允价值会计忽略了将房屋作为抵押物重新进行贷款所增加的风险，由于产权利益包括预期收益大小及其风险水平两部分，因此忽略了风险也就将一部分利益置于公共领域中，这样根据较低风险水平界定的资产价值就比较高，一旦金融资产发生转让就形成了从其他投资者手中攫取财富。

对于第一、二级次的金融资产，价值的增加又会吸引更多投资者，进一步加速了其在资本市场中的流通。较强的流动性又可以为投资者提供更多关于预期现金流利好的消息，进一步推动价值的增加，这样就产生了顺周期效应。在这个过程中，公允价值会计一方面将增加的产权价值界定下来；另一方面又为投资者提供关于金融资产价值和收益状况的信息，帮助投资者预测未来净现金流量。对于第三级次的金融资产，其定价主要依靠主观估计，在受到基础资产价值增加以及其他金融资产价值不断上涨的影响下，也会提供关于未来较低风险的信息，提高金融资产的价值，公允价值会计将这部分价值界定后对外披露信息，这又会提

---

① 这一切的基础，就是房价不断上涨。投资者包括次级信用者本身只关注到在房价上涨时，以增值房产进行抵押获取更多的资金可以保障旧债的偿还，并没有注意到产生的新债比旧债更多，并且次级信用者的还款能力没有发生实质改变，这也是信息不对称的表现。

高其他金融资产定价，加剧顺周期效应。

同时在这个过程中，特别是对于第一、二级次的金融资产，由于存在信息不对称，主观的人为因素会增强这种顺周期效应。信息的复杂性和获得难度使得金融资产产权得不到充分界定，一部分利益留在公共领域中。证券持有者会选择披露对其定价有利的信息，隐藏不利信息，使其他投资者估算出较高的资产价值；为了实现这部分产权利益，会尽快转让金融资产，以攫取这部分公共领域中的财富。公允价值会计将这部分虚增的产权价值界定下来，披露信息后又会吸引更多的投资者进入，以同样的方式攫取产权利益，进一步推动金融资产的流转和价值的上升，强化顺周期效应。这样，在信息不对称的环境中，公允价值计量下的金融资产产权，就成为部分投资者在公共领域中攫取财富的工具。在极端情况下，投资者甚至已不关注基础资产（次级贷款）的风险，只关注如何影响定价加速流转来攫取公共领域中的利益。

（2）房价下跌时的顺周期效应。

相反，当房价下跌时，次级信用者很难进行再按揭贷款，无法获得现金流，这样次级贷款的违约风险增加，因此其衍生金融资产的风险增加，产权价值降低，公允价值会计定期将这部分损失确认下来。一方面，金融资产价值的降低导致金融机构被迫增加监管资本，如果没有外部资本的投资，就不得不出售衍生金融证券，甚至不得不在非活跃市场出售衍生证券，推动资产价格进一步降低。另一方面，在信息难以获得的情况下，降低的交易价格和确认的损失又为其他投资者提供关于未来净现金流量的不利信息，降低资产价值。较低的价值减少了金融资产需求，并且证券持有者为了最大限度实现现有的产权利益会以较低的价格出让金融资产，这也会推动其价值和流动性的进一步降低。这样不断的恶性循环就产生了顺周期效应。

金融资产的价格在刚开始下降时是正常的，因为在房价上涨时顺周期效应已经使得金融资产的价格严重偏离其真实价值，价格的下跌说明投资者已经开始意识到次级贷款及其衍生金融资产的风险。但是在顺周期作用下，金融资产价格非理性的急剧下跌到其真实价值以下就是不正常的，这主要是由于缺乏界定金融资产产权的相关信息，[①] 投资者只能

---

① 比如房价的下跌使得次级信用者的违约风险增加，但是并不是所有的次级信用者都违约，市场中缺乏关于次级信用者具体信用状况的信息。

通过分析市场交易信息（如较低的成交价格）和会计信息（如确认损失后的资产价值）做出转让金融资产的决策。

5.2.3　公允价值会计界定产权的逻辑

在金融危机中，金融资产、公允价值会计与利益集团之间也表现出较强的逻辑关系（如图5-2所示）。

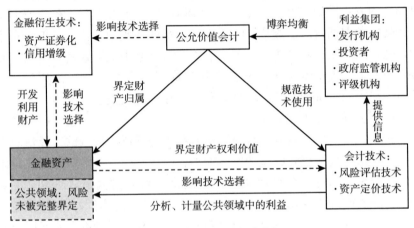

图5-2　公允价值会计分析

信用水平的提高增强了资本市场功能，特别是信用增级、资产证券化等技术的发展致使衍生金融资产更加虚拟化，即呈现出高风险性、高流动性和利益延伸性等特征。而金融危机中公允价值会计仅仅是从金融资产的一般属性为会计对象，从定义上将其划分为比较清晰的三个层级。但是金融资产的虚拟化致使公允价值会计无法完整界定三个层级的边界，一项金融资产在不同期间受到基础资产、资本市场环境变化等因素的影响，可能呈现出多种层次的属性，而公允价值会计无法充分披露关于金融资产完整的产权信息，只能反映一定期间内的金融资产的价格信息，而此时的价格只是"公允"的交易秩序形成的，已经脱离了真实的"价值"基础。公允价值会计在界定金融资产价值时，无法充分考虑其利益链的风险大小，只关注金融资产本身收益和风险，而不考虑衍生链条上资产的风险，特别是基础资产的风险，由此造成了公允价值会计界定产权的不完整，一部分利益被置于公共领域。

　　金融资产的发行机构、评级机构、投资者和政府监管机构作为主要的利益集团，分析利用得到的各种信息来为自己获取利益。由于这些利益集团本身也缺乏科学全面的风险分析技术和定价技术，因此，在美国房价上涨的前提下，各集团在有限理性的基础上进行利益博弈，导致公允价值会计确认的公允价值越来越偏离其真实价值，金融市场中也表现出严重的顺周期效应，产生较大的泡沫。此时的公允价值会计已经成为利益集团攫取利益的工具，即使有机构意识到存在的风险，在利益的驱使下金融资产的持有者也宁愿选择忽视风险。当美国房价下跌时，次级贷款面临较高的违约风险，以次贷为基础资产的衍生金融资产都面临较高的违约风险，从而导致评级大幅降低，金融资产出现严重减值。此时金融资产持有者（甚至是整个市场）同样由于缺乏完整的产权信息，只能根据市场行情信息进行分析决策致使市场泡沫破裂，出现价格下跌的顺周期效应。这样给金融资产的利益相关者造成了较大的损失，整个社会也承担了较高的成本，因此，各利益集团都要求公允价值会计应该做出适当的调整，从而提供更准确的会计信息。

　　通过以上分析可以看出，本次金融危机中的顺周期效应是每个投资者在有限信息的基础上做出的理性决策而表现出的整体非理性结果。这主要是因为缺乏相关信息，无法充分界定金融资产产权，在信息不对称的环境中，公允价值计量下的金融资产产权，成为部分投资者在公共领域中攫取财富的工具。在这个过程中，公允价值会计一方面起到了界定金融资产产权的作用，另一方面其所提供的会计信息又具有影响他人决策的经济后果，特别是一些主观预测性较强的信息对其他投资者具有一定误导作用。因此，为了缓解顺周期效应，应改革目前的公允价值会计、完善产权界定功能，将外部性内部化，尽量充分界定金融资产产权。

5.3　我国公允价值、会计价值相关性实证研究

　　我国于 2006 年颁布的《企业会计准则》，实现了与国际会计准则的

接轨，标志就是全面采用公允价值计量属性。而我国经过长期的经济改革后，资本市场有了长足的发展，金融资产已经成为资产市场和企业的重要资产，因此我国的公允价值会计在界定企业财产权利方面开始发挥重要作用。20世纪末兴起的会计信息价值相关性研究主要检验会计信息与企业价值之间的相关程度。会计信息是企业产权界定的结果，如果会计规则能够相对完整地界定企业的财产权利，那么所生成的会计信息应该与企业价值存在正相关关系。本章主要对我国的公允价值会计信息的价值相关性进行分析。

5.3.1　公允价值会计价值相关性研究文献回顾

关于会计信息价值相关性问题，国内外的研究已取得了相对比较丰富的成果。柯林斯、梅杜和韦斯（Collins D，Maydew E and Ira S Weiss，1997）采用费森－奥尔森估值模型等分析1953年到1993年间美国上市公司会计信息，发现每股收益价值相关性有所降低，但是每股收益和每股净资产联合的相关性上升。这说明在这40年间美国的会计规则提供的会计信息，从重视利润逐渐转向关注资产，因为资产经营水平提高才能提供持续的高利润。列夫和查诺文（Lev and Zarowin，1999）通过分析美国1977年到1996年会计信息含量，发现会计信息具有价值相关性，但是相关性呈显著下降趋势，并且认为是由于经济环境变化导致无形资产增加。这说明财产属性发生变化，会计规则也应该做出相应调整。巴斯（Barth，1994）采用估价模型和收益模型检验公允价值会计信息是否具有增量信息含量，结果表明相对于历史成本信息，证券投资的公允价值信息具有显著增量信息含量，但是基于公允价值的投资收益却不具有增量信息含量。此外，还有众多学者的研究表明会计信息在不同程度上具有价值相关性（Nelson，1996；Khurana and Kim，2003；王跃堂、孙铮等，2001）。

5.3.2　研究设计

5.3.2.1　研究假设

改革开放以后我国经济持续增长，资本市场功能逐渐完善，金融资产已经成为经济活动中的重要内容。我国的金融资产目前以股票和债券为主，相对于实物资产来讲具有一定的风险性和虚拟性，但是与美国金融资产相比，我国金融资产的衍生化程度不高，数量和种类相对较少，因此从金融资产衍生角度来讲，我国金融资产的风险性相对较低。在财产权利已经发生重大变化的情况下，作为具有产权界定重要功能的会计规则也做出了相应调整，2006 年我国颁布的《企业会计准则》全面引入了公允价值计量属性，更加完整地界定金融资产产权，相对准确地计量其产权价值。再结合众多学者关于会计信息具有价值相关性的结论，因此，我国公允价值会计提供的会计信息应该具有价值相关性。

我国新《企业会计准则》中，将持有期间的交易性金融资产和投资性房地产的公允价值变动情况计入当期损益即公允价值变动损益，直接对会计利润产生影响；将持有期间的可供出售金融资产公允价值变动情况，计入资本公积，直接影响净资产。这些会计处理，界定并计量了金融资产财产权利变动的结构与数量，所提供的会计信息让利益相关者更好地了解了金融资产的产权状况。据此我们提出以下三点假设：

H1：公允价值变动损益与公司价值正相关。

H2：可供出售金融资产公允价值变动净额与公司价值正相关。

H3：公允价值变动损益和可供出售金融资产公允价值变动净额同时与公司价值正相关。

如果公允价值变动损益和可供出售金融资产公允价值变动净额系数显著大于 0，则与公司价值正相关，因此说明公允价值会计信息具有价值相关性。由于 2007 年我国第一年执行新《企业会计准则》，各公司执行准则还不稳定，2008 年面临全球金融危机背景，因此本书对样本公司 2007 年和 2008 年数据分别进行分析。

5.3.2.2　变量定义

本节选取股票价格作为公司价值的变量值，由于上市公司会计报告发布有一定的时间限制，并且资本市场吸收会计信息需要一定的时间，因此股票价格统一选取公司年报发布当年 4 月 30 日的收盘价。为了消除规模影响，变量均采取每股指标，对公允价值变动损益以及可供出售金融资产公允价值变动计算每股指标，本章中使用的变量及说明见表 5 –1。

表 5 –1　　　　　　　　　　　变量名称及说明

变量符号	变量名称	变量说明
P_t	股票价格	样本公司年报发布当年 4 月 30 日收盘价
EPS_t	每股净收益	
$FVPS_t$	每股公允价值变动损益	公允价值变动损益/总股本
EPS_t^*	扣除公允价值变动损益的每股净收益	每股净收益 – 每股公允价值变动损益
$BVPS_t$	每股净资产	
$FASPS_t$	每股可供出售金融资产公允价值变动净额	可供出售金融资产公允价值变动净额/总股本
$BVPS_t^*$	扣除可供出售金融资产公允价值变动净额的每股净资产	每股净资产 – 每股可供出售金融资产公允价值变动净额

5.3.2.3　模型选择

奥尔森（Ohlson，1995）提出了以会计收益为基础的剩余收益估价模型，认为公司价值可以由权益资本账面价值与预期剩余收益或超额盈余来决定。随后奥尔森和费尔特姆（Ohlson and Feltham，1995）在此基础上进一步建立起会计信息与公司价值之间的联系，提出了剩余收益定价模型：

$$P_t = bv_t + \alpha_1 ox_t^\alpha + \alpha_2 o\alpha_t + \beta v_t$$

其中，bv_t 为第 t 期公司权益资本的账面价值，ox_t^α 为第 t 期非正常盈余（超常盈余），$o\alpha_t$ 为第 t 期经营资产账面价值，v_t 为预测时用到的其他信息。

随后将其修正为线性模型：

$$P_{it} = \beta_0 + \beta_1 E_{it} + \beta_2 BV_{it} + \mu_{it}$$

其中，P_{it} 为公司 i 第 t 期的股价，E_{it} 为公司 i 第 t 期的每股净收益，BV_{it} 为公司 i 第 t 期的每股净资产账面价值。该模型建立起了公司股价和当期会计信息之间的线性关系，特别是将公司当期收益和净资产账面价值纳入其中，明确了公司价值的决定因素。本书以此为基础，根据研究公允价值会计信息相关性的需要，对模型做出如下修正：

由于在我国企业会计准则中，交易性金融资产的公允价值变动情况计入当期损益中的"公允价值变动损益"账户，因此为了更好地分析公允价值会计信息相关性，对于只持有交易性金融资产的公司，可以将每股净收益分为划分为两部分：每股公允价值变动损益 $FVPS_t$ 和扣除每股公允价值变动损益的每股净收益 EPS_t^*，由此建立模型 1 来检验假设 1。

模型 1：$P_t = \alpha_0 + \alpha_1 FVPS_t + \alpha_2 EPS_t^* + \alpha_3 BVPS_t + \varepsilon_t$

由于可供出售金融资产公允价值变动情况计入资本公积，对于只持有可供出售金融资产的公司，可以将每股净资产分为两部分：每股可供出售金融资产公允价值变动净额 $FASPS_t$ 和将其扣除之后的每股净资产 $BVPS_t^*$，由此建立模型 2 来检验假设 2。

模型 2：$P_t = \alpha_0 + \alpha_1 FASPS_t + \alpha_2 BVPS_t^* + \alpha_3 EPS_t + \varepsilon_t$

对于持有交易性金融资产和可供出售金融资产的公司，按以上模型将每股净资产和每股净收益分别分成两部分，建立模型 3 来检验假设 3。

模型 3：$P_t = \alpha_0 + \alpha_1 FVPS_t + \alpha_2 EPS_t^* + \alpha_3 FASPS_t + \alpha_4 BVPS_t^* + \varepsilon_t$

5.3.2.4 数据收集

本章以 2007 年和 2008 年在上海和深圳证券交易所 A 股上市公司为研究对象。会计信息选取 2007 年和 2008 年样本公司的年报数据，股价信息为年报披露时的股票价格，为便于信息收集，股票价格选取样本公司 2008 年 4 月 30 日和 2009 年 4 月 30 日的收盘价格。由于金融行业的特殊性，剔除了金融行业样本数据，并且剔除 ST 公司和基本数据缺失公司后，2007 年共获得 1099 个公司数据，选取其中公布公允价值变动损益或可供出售金融资产公允价值变动净额的公司，共获得 523 个有效样本，其中为假设 1 提供 174 个样本，为假设 2 提供 215 个样本，为假设 3 提供 134 个样本。同样，在剔除了金融行业样本数据，并且剔除 ST 公司和基本数据缺失公司后，2008 年共获得 1130 个公司数据。选取其中公布公允价值变动损益或可供出售金融资产公允价值变动净额的公司，共获得 553 个有效样本，其中为假设 1 提供 197 个样本，为假设 2 提供 200 个样本，为假设 3 提供 154 个样本。

本书所有数据均来自国泰安 CSMAR 数据库和 RESSET 数据库，采用 Stata 软件进行分析。

5.3.3 实证检验与分析

5.3.3.1 模型1的实证结果与分析

如表5-2所示，从估计结果来看，2007年每股公允价值变动损益 FVPS、扣除公允价值变动后的每股净收益 EPS* 以及每股净资产 BVPS 与股票价格间均具有显著正相关关系。说明采用公允价值计量模式提供的会计信息具有明显的价值相关性。

表5-2   模型1实证结果

		P 值	
		2007 年	2008 年
FVPS		51.37*** (15.40)	4.959 (5.605)
EPS*		7.826*** (1.316)	6.142*** (1.038)
BVPS		1.252*** (0.314)	1.140*** (0.258)
_CONS		5.841*** (1.026)	4.798*** (0.804)
N		174	197
ADJ. R^2		0.499	0.401

注：* $p<0.1$，** $p<0.05$，*** $p<0.01$。

2008年每股净资产 BVPS、扣除公允价值变动后的每股净收益 EPS* 均与股票价格之间存在显著的正相关关系，两者提供的会计信息可以导致股价的上涨，因此具有显著的价值相关性。但是每股公允价值变动损益 FVPS 与股票价格间不存在显著的相关关系。这是由于在2008年全球金融危机影响下，我国资本市场股价相对低迷，一定程度上影响了会计信息与股价之间的相关性，再加上交易性金融资产的流动性和风险相对较高，以及新准则刚颁布等因素，综合导致了每股公允价值变动损益缺乏价值相关性的结果。

5.3.3.2　模型 2 的实证结果与分析

如表 5 - 3 所示，从估计结果来看，2007 年只有每股净收益对股票价格的影响通过了显著性检验，说明每股净收益的增加，能够显著提高股票的价格。但是可供出售的金融资产公允价值变动额 FASPS，和扣除可供出售金融资产公允价值变动的每股净资产 BVPS* 与股票价格间的关系不显著。这主要是由于可供出售的金融资产数量较多，2007 年是我国实行新会计准则的第一年，规则运用还不成熟，提供的会计信息的价值相关性较差。

表 5 - 3　　　　　　　　　　　　　模型 2 实证结果

	P 值	
	2007 年	2008 年
FASPS	− 0.409 (0.627)	1.391 *** (0.465)
BVPS*	0.538 (0.469)	1.093 *** (0.213)
EPS	16.08 *** (1.913)	5.669 *** (1.043)
_CONS	6.259 *** (1.405)	5.083 *** (0.672)
N	215	200
ADJ. R^2	0.443	0.506

注：$* p < 0.1$，$** p < 0.05$，$*** p < 0.01$。

2008 年比 2007 年会计信息的价值相关性显著提高。每股可供出售金融资产公允价值变动额 FASPS、扣除可供出售金融资产公允价值变动的每股净资产 BVPS* 以及每股净收益 EPS 均与股票价格 P 间存在显著的正相关关系，支持了假设 2 的成立，说明它们提供了与公司价值相关的会计信息。比较模型 2 与模型 1 的实证结论，虽然同为公允价值计量，但是可供出售金融资产公允价值变动额可以提供与公司价值相关的会计信息，而公允价值变动损益提供的会计信息不具有价值相关性。这是因为可供出售交易性金融资产持有期间相对较长，其公允价值变动反映了一定期间内金融资产价值连续波动的结果，因此可以提供较为丰富的与公司价值相关的会计信息；而交易性金融资产持有时间相对较短，其公允价值变动只反映近期金融资产价值变动情况，信息含量相对较少。

5.3.3.3 模型3的实证结果与分析

如表5-4所示，2007年的估计结果显示，扣除公允价值变动损益的每股净收益 EPS* 与每股可供出售金融资产公允价值变动净额 FASPS 对股票价格存在显著正向影响。对比三个模型我们发现，不论是每股净收益还是扣除公允价值变动损益的每股净收益，都与股票价格间存在显著的正相关关系。这说明传统的利润信息与股票价格之间的相关程度较高，公允价值会计信息与股票价格之间相关程度较低。

表5-4　　　　　　　　　　　　模型实证结果

	P 值	
	2007 年	2008 年
FVPS	8.528 (7.542)	-3.931 (2.574)
EPS*	8.877*** (1.716)	6.673*** (0.875)
FASPS	0.476** (0.226)	1.710*** (0.505)
BVPS*	0.493 (0.404)	1.246*** (0.266)
_CONS	7.688*** (1.161)	4.358*** (0.843)
N	134	154
ADJ. R^2	0.406	0.580

注: $*p<0.1$, $**p<0.05$, $***p<0.01$。

从 2008 年的估计结果来看，验证了模型 1 和模型 2 的结论，FASPS、BVPS$_{i,t}^{*}$以及 EPS 均与股票价格存在显著的正相关关系，而 FVPS$_{i,t}$对股票价格的影响依旧没能通过显著性检验。对比 2007 年和 2008 年三个模型的估计结果可以发现，2008 年公允价值会计提供的会计信息价值相关性逐渐提高，因此总体来讲，公允价值会计具有一定的价值相关性。

5.3.4 研究结论与局限性

本节以 Ohlson 的价格模型为基础，建立了提供公允价值会计信息的模型，以 2007 年和 2008 年沪深两市 A 股相关的上市公司为样本，检验我国公允价值会计是否具有价值相关性。实证结果表现，我国的公允价值会计具有一定的价值相关性，对可供出售的交易性金融资产可以提供与公司价值相关的会计信息，而对交易性金融资产提供的会计信息缺乏价值相关性。这一方面说明我国实行公允价值会计，提高了会计信息的信息含量，更加完整地界定了金融资产产权，相对准确地计量了产权价值；另一方面也说明我国的公允价值会计还存在需要改进的地方，特别是对于在计量流动性较强的金融资产时，应该充分考虑风险，准确地界定资产价值。

当然分析还存在一定局限性。首先对于选择的模型，只包含了净资产和净收益两个基本会计指标，而如今公司价值受到越来越多因素的影响，特别是非财务因素的影响，在模型中没有考虑。其次，在变量选择方面，以公司股价作为价值指标是实证分析的通用做法，但是在 2008 年金融危机的影响下，股价会受到宏观经济形势的影响，偏离其真实价值。另外，在数据收集方面，为了采集方便对各样本采用统一的时间标准，再加上数据缺失以及数据库限制，本书所采集的数据有限，一定程度上限制了研究结论的适用性。

5.4 公允价值会计改革建议

通过分析金融危机中美国公允价值会计的表现，可以看出顺周期效应虚增了资本市场的繁荣，加剧了金融危机的危害。缓解顺周期效应需要一系列配套措施，如针对金融资产的利益延伸性，应增加对次级贷款的规模和风险的监管，并披露充分的信息。通过分析我国公允价值会计的价值相关性，我们知道我国的公允价值会计存在一定的价值相关性，但是还无法完整界定金融资产的产权价值。因此，本节根据上述分析结论，提出会计规则的改革方向。从产权界定的角度看，计量金融资产的会计规则应更全面的反映金融资产产权特征，特别是本次危机中表现突出的价值的高风险性和流动性。

5.4.1 根据金融资产权利特点选择计量模式

缓解顺周期效应，应减少金融资产不必要的关于流动性的会计信息。公允价值会计定期反映金融资产的价值变动，适用于流动性较强的金融资产。因此，在计量模式的选择上不必局限于单一的公允价值计量模式，应适当引入历史成本（摊余成本）计量模式，根据不同金融资产的产权特点选择适当的计量模式。所以，双重计量模式是历史和时代的必然选择（葛家澍，2010）。同时，由于金融资产一般具有流动性较强的特点，这种双重计量模式应以公允价值计量为主。

金融资产流动性特点要求按照公允价值计量，可以随时反映金融资产现时价值。如果金融资产流动性较强，且持有金融资产是为了获取资本利得，则应采用公允价值计量，对金融资产产生的现金流（本息）和公允价值变动的损益进行全面反映。如果金融资产流动性较差，或持有金融资产是为了获得金融资产的现金流量，而不是为了出售获取资本利得，则应按照摊余成本计量，只需客观反映金融资产产生的现金流量即可，所提供的会计信息不反映流动性特点，降低了对其他金融资产流动性的影响。IASB（国际会计准则理事会）对此进行了一定改革，于2009年发布了国际财务报告准则第9号《金融工具》（简称 IFRS9）。在 IFRS9 中，按持有者不同的经营目标将金融资产划分为两类：一类是为获得"合同现金流量"（contractual cash flows）而持有的金融资产，按照"摊余成本"计量；另一类是为获得公允价值变动产生的资本利得持有的准备随时出售的金融资产，按照公允价值计量。

5.4.2　清晰界定公允价值级次

金融资产价值的风险性主要是由于缺乏相关可靠的用于资产定价的信息导致的。表面上看针对金融资产的信息特征，公允价值划分为三个不同级次，可以明确地针对不同的级次采用不同公允价值界定方法。但是明确区分具有可观察信息和具有不可观察信息的金融资产是很困难的。特别是金融危机中，信用的崩溃和风险的加大使得第一、二级次的公允价值跌落至第三级次，金融机构可以根据主观意愿确认公允价值，操纵会计信息。德姆塞茨（1999）认为，在产权与价值的比较与衡量中，任何资源配置机制，要为社会所接受都必须解决好两类任务：一是不管资源如何使用，必须充分揭示资源收益的信息；二是必须促使人们认真考虑这些信息。因此，要降低金融资产风险，必须提供可靠充分的会计信息。这要求界定活跃市场条件和标准，尽量明确三个公允价值级次的边界。特别针对极端市场状况下（如发生资本市场的系统性风险），对公允价值的确定提供详细的操作指南，尽可能保证会计信息的真实可靠，金融资产产权得到充分界定。

综上所述，本章从产权界定视角，着重分析了金融资产产权的三个特征，即价值的高风险性、利益的延伸性和流动性；通过揭示资本市场在繁荣和危机中顺周期效应的产生过程，我们认为在信息不对称前提下，顺周期效应是公允价值会计计量下金融资产产权的外部性；是每个投资者在有限信息的基础上做出的理性决策的整体非理性结果。在这个过程中，公允价值会计一方面起到了界定金融资产产权的作用，另一方面其所提供的会计信息又具有影响他人决策的经济后果，加剧了顺周期效应。为缓解顺周期效应，应改革目前的公允价值会计，完善产权界定功能，将外部性内部化充分界定金融资产产权。最后，提出了公允价值会计的双重计量模式和明确公允价值级次的改革方向。

当然，缓解顺周期效应需要一整套完整的政策措施，我们仅从产权界定的视角就公允价值会计的改革提出了方向性建议，为更多研究者提供一个研究视角，该建议本身还存在很多需要深入研究的问题。

5.5 本 章 小 结

本章首先回顾了关于公允价值会计含义和顺周期效应的相关文献，然后采用本书提出的产权制度框架对公允价值会计在金融危机中的表现展开分析，试图指出公允价值会计的改革方向。

金融资产产权逐渐呈现出虚拟化特征，即价值的高风险性、利益的延伸性、流动性等。金融资产的价值属性要求采用公允价值属性进行计量。

金融资产的发行机构、评级机构、投资者和政府监管机构作为主要的利益集团，分析利用得到的各种信息来为自己获取利益。由于这些利益集团本身也缺乏科学全面的风险分析技术和定价技术，因此，在美国房价上涨的前提下，各集团在有限理性的基础上进行利益博弈，导致公允价值会计确认的公允价值越来越偏离其真实价值，金融市场中也表现出严重的顺周期效应，产生了较大的泡沫。此时的公允价值会计已经成为利益集团攫取利益的工具。当美国房价下跌时，次级贷款面临较高的违约风险，以次贷为基础资产的衍生金融资产都面临较高的违约风险，从而导致评级大幅降低，金融资产出现严重减值。此时金融资产持有者（甚至是整个市场）同样由于缺乏完整的产权信息，只能根据市场行情信息进行分析决策，致使市场泡沫破裂，出现价格下跌的顺周期效应。这给金融资产的利益相关者造成了较大的损失，整个社会也承担了较高的成本，因此，各利益集团都要求公允价值会计应该做出适当的调整，提供更准确的会计信息。

在整个过程中，公允价值会计一方面起到了界定金融资产产权的作用，另一方面其所提供的会计信息又具有影响他人决策的经济后果，特别是一些主观预测性较强的信息对其他投资者具有一定误导作用。因此，为了缓解顺周期效应，应改革目前的公允价值会计，完善产权界定功能，将外部性内部化，尽量充分界定金融资产产权。

以费森－奥尔森估值模型的价格模型为基础，建立了提供公允价值会计信息的模型，以2007年和2008年沪深两市 A 股相关的上市公司为样本，检验我国公允价值会计是否具有价值相关性。实证结果表明，我国的公允价值会计具有一定的价值相关性，对可供出售交易性金融资产可以提供与公司价值相关的会计信息，而对交易性金融资产提供的会计信息缺乏价值相关性。这一方面说明我国实行公允价值会计，提高了会计信息的信息含量，更加完整地界定了金融资产产权，相对准确地计量了产权价值；另一方面也说明我国的公允价值会计还存在需要改进的地方，特别是对于在计量流动性较强的金融资产时，应该充分考虑风险，准确地界定资产价值。

第6章 结 论

本研究首先构建了一个以产权界定为基础，包含财产、技术和利益集团博弈的产权制度分析框架；其次，运用该理论分析框架揭示会计规则变迁逻辑及影响因素；最后，根据会计规则变迁的规律，分析金融危机背景下公允价值会计存在的问题，并对我国公允价值会计规则进行了实证分析，提出了应该根据财产属性来选择会计计量属性，以及明确公允价值界定级次的建议措施。得出结论如下：

第一，构建了一个以产权界定为基础，包含财产、技术和利益集团博弈的内生制度分析框架。产权界定包含财产、技术与利益集团博弈三个层面。财产是产权的基础，具有有用性和稀缺性等特点。财产开发利用技术可以促进财富增加和经济增长，产权界定技术可以根据财产属性界定产权价值，向利益集团提供产权信息。各利益集团出于自身利益最大化，分析利用获得的相关产权信息，按照成本收益原则和排队原则展开博弈，攫取公共领域中的利益，界定财产权利归属。当利益集团博弈达到均衡时，新的制度形成。由于存在交易成本，一部分利益必然被置于公共领域中。在公共领域中利益的驱动下，利益集团不断博弈形成新的制度，重新界定财产权利归属，并规范技术标准。由于公共领域无法完全消除，因此制度的变迁是一个不断循环演进的过程。对公共领域中利益的攫取构成了利益集团博弈的源动力，也成为制度变迁的动力。

第二，会计具有两种属性：技术性和制度性。会计作为一种产权界定技术，可以界定财产权利的范围和价值，向利益相关者披露会计信息。在会计假设下，会计技术通过确认、计量和报告等统一的程序，运用会计政策与方法来计量财产权利价值。所生成的会计信息就反映了特定时点和一定会计期间企业财产权利的状况，各利益主体通过分析会计信息可以掌握自身权利状况，并且可以对比与其他利益主体之间的关系。同时财产权利的属性会决定会计技术的选择，并影响其发展。会计规则作为一种产权制度，是利益集团博弈的结果。会计规则的产权界定功能表现为三个层次：（1）会计规则可以直接界定产权。即会计规则以会计主体的财产权利为对象，以财产权利变化为确认条件，经过会计确认、计量、报告等程序，运用会计规则特定的原则和方法，对会计主体的财产权利进行界定。（2）会计规则对企业权利的后续分配。对于会计规则已经界定的企业权利，还要根据其权利状况进行后续分配。（3）会计信息可以预测企业权利变化，界定企业未来权利。会计信息是会计规则的计量结果，会计规则的一致性使得会计信息可以用于预测企业未来的财产权利变化。会计规则的制度性与技术性存在相互促进与约束的关系。会计制度的实施一定要以计量准确的、符合成本收益原则的会计技术为基础；同时要开发适应会计制度要求的会计技术。

第三，会计规则的变迁是财产、技术与利益集团博弈共同作用的结果。会计规则作为一种产权制度，在对企业权利进行调整和界定时也会使得一部分利益被置于公共领域。利益集团通过分析利用自身获得的各种信息展开博弈，攫取公共领域中的利益，制定有利于自身利益的会计规则。当各利益集团相互博弈达到均衡时，在符合成本收益的条件下，会计规则形成。当新会计规则产生后，既形成了对财产权利的重新分配，又可以减少公共领域中的利益降低交易成本，还可以进一步促进经济增长。由于财产权利的变化是连续不断的，因此会计规则也是在于财产和技术的互动中不断循环演进的，并且构建了企业管理层和会计规则制定机构的两方静态博弈模型，揭示了会计规则形成的均衡条件，以及会计规则变化条件。同时，进一步指出规则制定机构在决策是否改变会计规则时，应该综合考虑改变会计规则后所提供的会计信息质量改善程度，改变会计规则能够挽救的损失，改变会计规则的成本，以及对管理层攫取公共领域中利益行为的惩罚水平等四方面因素。

第四，根据本文分析得出的会计规则变迁规律，分析金融危机背景下的公允价值会计。金融资产产权逐渐呈现出虚拟化特征，即价值的高风险性、利益的延伸性、强流动性等。金融资产的价值属性要求采用公允价值属性进行计量。金融资产的发行机构、评级机构、投资者和政府监管机构作为主要的利益集团，分析利用得到的各种信息来为自己获取利益。在金融危机的顺周期效应中，公允价值会计一方面起到了界定金融资产产权的作用，另一方面其所提供的会计信息又具有影响他人决策的经济后果，特别是一些主观预测性较强的信息对其他投资者具有一定误导作用。因此，为了缓解顺周期效应，应改革目前的公允价值会计，完善产权界定功能，将外部性内部化，尽量充分界定金融资产产权。

针对我国公允价值会计，以费森－奥尔森估值模型的价格模型为基础，建立了检验公允价值会计信息与公司价值相关性的模型，以沪深两市 2007 年和 2008 年 A 股上市公司为样本，检验我国公允价值会计是否具有价值相关性。实证结果表明，我国的公允价值会计具有一定的价值相关性，对可供出售的交易性金融资产可以提供与公司价值相关的会计信息，而对交易性金融资产提供的会计信息缺乏价值相关性。这一方面说明我国实行公允价值会计，提高了会计信息的信息含量，更加完整地界定了金融资产产权，相对准确地计量了产权价值；另一方面也说明我国的公允价值会计还存在需要改进的地方，特别是在计量流动性较强的金融资产时，应该充分考虑风险，准确地界定资产价值。最后，提出了应该根据财产属性来选择会计计量属性，以及明确公允价值界定级次的建议措施。

124

参 考 文 献

[1] 财政部会计司:《国际会计准则》,中国财政经济出版社1992年版。

[2] 财政部会计司:《企业会计准则讲解》,人民出版社2008年版。

[3] 曹越、伍中信:《产权保护、公允价值与会计改革》,载于《会计研究》2009年第2期。

[4] 道格拉斯·C·诺思、张五常等:《制度变革的经验研究》,罗仲伟译,经济科学出版社2003年版。

[5] 冯巧根:《制度变迁的成本分析:以会计制度为例》,载于《财经理论与实践(双月刊)》2008年第3期。

[6] 盖地、杜静然:《会计准则变迁的自组织演化机理研究》,载于《会计研究》2010年第6期。

[7] 葛家澍、窦家春、陈朝琳:《财务会计计量模式的必然选择:双重计量》,载于《会计研究》2010年第2期。

[8] 郭道扬:《人类会计思想演进的历史起点》,载于《会计研究》2009年第8期。

[9] 郭晓莉、段容谷:《金融危机引发的对公允价值计量的思考》,载于《中北大学学报(社会科学版)》2010年第2期。

[10] 郭艳茹:《制度、权力与经济绩效:阿西莫格鲁(Acemoglu)理论评述》,载于《理论学刊》2010年第5期。

[11] 何力军:《会计准则制定的利益博弈与经济后果——以国际会计准则为例》,载于《上海金融学院学报》2008年第3期。

[12] 黄凯南:《主观博弈论与制度内生演化》,载于《经济研究》2010年第4期。

[13] 黄少安:《产权经济学导论》,经济科学出版社2004年版。

[14] 黄少安:《关于"潜产权"的功能》,载于《财经理论与实

践》2005 年第 2 期。

[15] 黄少安:《关于制度变迁的三个假说及其验证》,载于《中国社会科学》2000 年第 4 期。

[16] 黄少安、王怀震:《从潜产权到产权:一种产权起源学说》,载于《经济理论与经济管理》2003 年第 8 期。

[17] 黄少安:《制度经济学》,高等教育出版社 2008 年版。

[18] 黄少安:《制度经济学中六个基本理论问题新解》,载于《学术月刊》2007 年第 1 期。

[19] 黄世忠:《公允价值会计的顺周期效应及其应对策略》,载于《会计研究》2009 年第 11 期。

[20] 黄世忠:《后危机时代公允价值会计的改革与重塑》,载于《会计研究》2010 年第 6 期。

[21] 黄文峰:《论会计准则的经济后果》,载于《财经理论与实践》2003 年第 3 期。

[22] 蒋雅文:《论制度变迁理论的变迁》,载于《经济评论》2003 年第 4 期。

[23] 李康、杜漪:《会计制度变迁的 NK 模型》,载于《会计之友》2010 年第 12 期上。

[24] 李连军:《会计制度变迁与政府治理结构》,载于《会计研究》2007 年第 7 期。

[25] 李宁:《会计准则制度变迁的理论分析——基于演化博弈的视角》,载于《江西社会科学》2009 年第 10 期。

[26] 李晓玲、王福胜:《改革开放以来我国会计制度变迁的社会成本研究》,载于《哈尔滨工业大学学报(社会科学版)》2009 年第 4 期。

[27] 李耀宗:《论中国古代会计思想》,载于《技术与市场》2008 年第 1 期。

[28] 刘峰、黄少安:《科斯定理与会计准则》,载于《会计研究》1992 年第 2 期。

[29] 刘峰:《会计准则变迁》,中国财政经济出版社 2000 年版。

[30] 刘浩、孙铮:《会计准则保护产权的"马太效应"研究——来自近代西方历史的回顾与企业所有权理论的分析》,载于《财经研究》2006 年第 6 期。

［31］刘建中、丁乾桀：《公允价值计量属性与顺周期效应的思考》，载于《会计之友》2010 年第 11 期。

［32］刘玉廷：《企业会计准则的建设、趋同、实施与等效》，载于《国际商务财会》2008 年第 7 期。

［33］［美］R. 科斯、A. 阿尔钦、D. 诺斯等：《财产权利与制度变迁——产权学派与新制度学派译文集》，刘守英等译，上海人民出版社 1994 年版。

［34］［美］艾哈迈德：《会计理论（中文版)》，钱逢胜译，上海财经大学出版社 2004 年版。

［35］［美］德姆：《关于产权的理论（中译文)》，载于《社会经济体制比较》1990 年第 6 期。

［36］［美］德姆塞茨：《财产权利与制度变迁——产权学派与新制度学派译文集》，刘守英译，上海人民出版社 1994 年版，原载《美国经济评论》1967 年 5 月号。

［37］［美］凡勃伦：《企业论》，蔡受百译，商务印书馆 1959 年版。

［38］［美］凡勃伦：《有闲阶级论》，蔡受百译，商务印书馆 1964 年版。

［39］［美］哈罗德·德姆塞茨：《所有权、控制与企业——关于公司的新的经济意义》，段毅才译，经济科学出版社 1999 年出版。

［40］［美］加里·约翰·普雷维茨、巴巴拉·达比斯·莫里诺：《美国会计史——会计的文化意义》，杜兴强、于竹丽等译，中国人民大学出版社 2006 年出版。

［41］［美］康芒斯：《制度经济学》，树生译，商务印书馆 1962 年版。

［42］［美］利特尔顿：《会计理论结构》，林志军等译，中国商业出版社 1989 年版。

［43］［美］诺思：《经济史中的结构与变迁》，陈郁、罗华平译，上海三联书店、上海人民出版社 1991 年版。

［44］［美］诺思：《制度、制度变迁与经济绩效》，杭行译，格致出版社、上海三联书店、上海人民出版社 2008 年版。

［45］［美］乔治·斯蒂格勒：《价格理论（中译本)》，刘青原译，北京经济学院出版社 1990 年版。

[46]［美］斯蒂芬·A.泽夫：《会计准则的政治学》，财政部会计司译，中国财政经济出版社 2005 年出版。

[47]［南］斯韦托扎尔·平乔维奇：《产权经济学——一种关于比较体制的理论（中译本）》，蒋琳琦译，经济科学出版社 1999 年版。

[48] 彭涛，魏建：《内生制度变迁理论：阿西莫格鲁、青木昌彦和格雷夫的比较》，载于《经济社会体制比较（双月刊）》2011 年第 2 期。

[49] 綦好东：《中国会计制度变迁：特征及解释》，载于《当代财经》2000 年第 8 期。

[50] 秦学斌：《经济危机下会计准则发展的思考》，载于《湖南财经高等专科学校学报》2009 年第 8 期。

[51]（清）焦循：《孟子正义》，中华书局 1987 年版。

[52] 冉明东、蔡传里、许家林：《井尻雄士的〈会计计量理论〉》，载于《财会月刊》2005 年第 11 期。

[53] 任春艳：《上市公司盈余管理与会计准则制定》，中国财政经济出版社 2004 年版。

[54] 孙圣民：《制度变迁理论的比较与综合》，载于《商情（经济理论研究）》2007 年第 9 期。

[55] 孙涛：《阿夫纳·格雷夫的历史比较制度分析及对中国研究的启示》，载于《山东社会科学》2011 年第 9 期。

[56] 田昆儒：《产权会计学论纲》，载于《湖北民族学院学报（哲学社会科学版)》2005 年第 2 期。

[57] 汪祥耀：《"公认会计原则"探析》，载于《财经论丛》2001 年第 5 期。

[58] 王保忠：《从产权视角分析我国会计制度变迁的动因》，载于《山西财经大学学报》2007 年 4 月。

[59] 王跃堂、孙铮、陈世敏：《会计改革与会计信息质量》，载于《会计研究》2001 年第 7 期。

[60] 吴联生：《利益相关者对会计规则制定的参与特征》，载于《经济研究》2004 年第 3 期。

[61] 伍中信：《产权与会计》，立信会计出版社 1998 年版。

[62] 谢德仁：《会计规则制定权合约安排的范式与变迁——兼及会计准则性质的研究》，载于《会计研究》1997 年第 9 期。

［63］许成钢：《解释金融危机的新框架和中国的应对建议》，载于《比较》2008 年。

［64］许家林等：《经济学引入会计首创人：约翰·班纳特·坎宁》，载于《财会通讯（综合版）》2012 年第 1 期（上）。

［65］于永生：《公允价值级次：逻辑理念、实务应用及标准制定》，载于《审计与经济研究》2009 年第 7 期。

［66］于永生：《金融危机背景下的公允价值会计问题研究》，载于《会计研究》2009 年第 9 期。

［67］虞凤凤：《驳公允价值的顺周期效应》，载于《湖南财经高等专科学校学报》2010 年第 6 期。

［68］张鸣：《会计准则的历史与未来》，载于《财会通讯》2006 年第 11 期。

［69］张荣武、伍中信：《产权保护、公允价值与会计稳健性》，载于《会计研究》2010 年第 1 期。

［70］张五常：《佃农理论》，商务印书馆 2002 年版。

［71］周华、刘俊海、戴德明：《法律制度、金融与其与会计准则》，载于《中国人民大学学报》2009 年第 6 期。

［72］朱七光：《会计准则制定程序的博弈分析——以美国和欧盟为例》，载于《上海商学院学报》2010 年第 1 期。

［73］祖建新：《论会计准则制定导向的判断标准》，载于《同济大学学报（社会科学版）》2009 年第 4 期。

［74］Acemoglu D. Technical Change, Inequality and the Labor Market ［J］. Economic Literature, 2002, 40（1）: 7 - 72.

［75］Acemoglu D. The Rise of Europe: Atlantic Trade, Institutional Change and Economic Growth ［J］. Social Science Electronic Publishing, 2005, 95（3）: 546 - 579.

［76］Acemoglu D, Johnson S, Robinson J A. Reversal of Fortune: Geography and Institutions in the Making of the Modern World Income Distribution ［J］. Quarterly Journal of Economics, 2002, 117: 1231 - 1294.

［77］Ahmed A S, Billings B K, Morton R M, Stanford M - Harris. "The role of accounting conservatism in mitigating bondholder-shareholder conflicts over dividend policy and in reducing debt costs" ［J］. The Accounting Review, 2002, 77 (4): 867 – 890.

[78] Alchian, Armen A, Harold D. Production, Information Costs, and Economic Organization [J]. American Economic Review, 1972 (62): 777 – 795.

[79] Allen F, Carletti E. "Mark-to-market accounting and liquidity pricing" [J]. Accounting and Economics, 2008 (45): 358 – 378.

[80] American Accounting Association, A Statement of Basic Accounting Theory, 1966.

[81] Ashbaugh H, Pincus M. Domestic accounting standards, international accounting standards, and predictability of earnings [J]. Accounting Research, 2001, 39 (3): 417 – 434.

[82] Barth M E. Fair value accounting: evidence from investment securities and the market valuation of banks [J]. The Accounting Review, 1994 (69): 1 – 25.

[83] Barth M E, Beaver W H, Landsman W R. Value – Relevance of Banks' Fair Value Disclosures under SFAS No. 107 [J]. Social Science Electronic Publishing, 1996 (4): 513 – 537.

[84] Lev B & Zarowin P. The Boundaries of Financial Reporting and How to Extend Them [J]. Accounting Research, 1999.

[85] Christian Laux, Christian Leuz. The crisis of fair value accounting: Making sense of the recent debate [J]. Accounting Organization and Society, 2009 (34): 826 – 834.

[86] Collins D, Maydew E and Ira S Weiss. Changes in the value-relevance of earnings and book value over the past fourty years [J]. Accounting & Economics, 1997.

[87] Demsetz H, Lehn K. The Structure of Corporate Ownership: Cases and Consequences [J]. Political Economy, 1985, 93: 1155 – 1177.

[88] FASB. FAS157: Fair value measurement, 2006.

[89] FASB. FAS159: The fair value option for financial assets and financial liabilities, 2007.

[90] Feltham G A, Ohlson J A. Valuation and Clean Surplus Accounting for Operating and Financial Activities [J]. Contemporary Accounting Re-

search, 1995, 11: 689 - 731.

[91] Modigliani F, Miller M H. The Cost of Capital Corporation Finance and the Theory of Investment [J]. American Economic Review, 1958.

[92] Gelb D S, Zarowin P. Corporate disclosure policy and the informativeness of stock prices [J]. Review of Accounting Studies, 2002, 7 (1): 33 - 52.

[93] Greif A. The Fundamental Problem of Exchange: A Research Agenda in Historical Institutional Analysis [J]. Review of European Economic History, 2000 (3): 251 - 284.

[94] Greif A, Laitin D. A Theory of Endogenous Institutional Change [J]. American Political Science Review, 2004, 98 (4): 633 - 652.

[95] IASB. Financial instrument: Recoginition and Measurement [J]. Gabler, 2011.

[96] Irving Fisher. Elementary Principles of Economics [M]. Macmillan, New York, 1923.

[97] Ohlson J A. Earnings, Book Values, and Dividends in Equity Valuation [J]. Contemporary Accounting Research, 1995, 11: 661 - 687.

[98] Jensen M. Agency costs of free cash flow, corporate finance, and takeovers [J]. American Economic Review, 1999, 76 (2): 323 - 329.

[99] Jensen Michael C & William H Meckling. Theory of the Firm: Managerial Behavior [J]. Agency Costs and Ownership Structure. Financial Economics, 1976 (3): 305 - 360.

[100] Khurana I K, Kim M S. Relative value relevance of historical cost vs. fair value: Evidence from bank holding companies [J]. Accounting and Public Policy, 2003, 22 (1): 19 - 42.

[101] Lin J Y. An economic theory of institutional change: induced and imposed change [J]. Cato Journal, 1989, 9 (1): 1 - 33.

[102] Paquita Y et al. , Recognition and disclosure reliability, Evidence from SFAS No. 106 [J]. Contemporary Accounting Rerearch, 2004, 21 (2): 399 - 427.

[103] Matthews R C O. The Economics of Institutions and the Sources of Growth [J]. Economic Journal, 1986, 96: 903 - 918.

[104] Nelson K. Fair value accounting for commercial banks: an empirical analysis of SFAS 107 [J]. The Accounting Review, 1996, 71 (2): 161 – 182.

[105] Nissim D, Penman S H. Financial statement analysis of leverage and how it informs about profitability and price-to-book ratios [J]. Review of Accounting Studies, 2003, 8 (4): 531 – 581.

[106] Zhang P. Accounting conservatism: The quality of earnings and stock returns [J]. Accounting Review, 2002, 77 (2): 237 – 264.

[107] Coase R H. The nature of the Firm [J]. Economica, New Series, 1937, 4 (16): 386 – 405.

[108] Ronald H Coase. The problem of social cost [J]. Law and Economics, 1960 (3): 1 – 44.

[109] Watts R, Zimmerman J. Agency problems, Auditing and Theory of the Firm: Some Evidence [J]. Law and Economics, 1983, 26 (3): 613 – 633.

[110] Wallison P J. Fair value accounting: A critique [J]. Financial Services Outlook, 2008.

[111] Yoram B. Economic Analysis of Property Rights [M]. Cambridge University Press, 1989.

[112] Yu F. Accounting transparency and the term structure of credit spreads [J]. Financial Economics, 2005, 75 (1): 53 – 84.

[113] Zeff S A. The Rise of "Economic Consequences" [J]. Accountancy, 1978 (11): 56 – 63.